32

languages

scripts

words

earth@mount.build

https://leaf.surf

english	i	as in	sleep
spanish	e	as in	dé
english	a	as in	mom
english	o	as in	gold
english	u	as in	tool
english	ị	as in	pick
english	ẹ	as in	set
english	ạ	as in	cat
english	ụ	as in	cut
english	ọ	as in	book
english	m	as in	mask
sanskrit	ṃ	as in	oṃ
english	n	as in	name
sanskrit	ṇ	as in	purāṇa
english	q	as in	sing
english	g	as in	give
english	d	as in	dock
sanskrit	ḍ	as in	kuṇḍalinī
english	b	as in	bear
english	p	as in	peer
georgian	ṕ	as in	ṕ'ṳvna
english	t	as in	test
sanskrit	ṭ	as in	biṭhaka
arabic	t̃	as in	ţāwl
georgian	t̖	as in	t̖s'ḳalị
english	k	as in	keep
arabic	ḳ	as in	qat
amharic	k̖	as in	t̖xẹ̄ṛ́ek̖a
english	h	as in	help

arabic	ḥ	as in	hhb
hebrew	h̤	as in	ḥanuká
english	s	as in	seek
arabic	s̃	as in	saqr
english	f	as in	feel
english	v	as in	vibe
english	z	as in	zoo
english	j	as in	measure
spanish	ŕ	as in	ratón
french	r̤	as in	rouge
english	r	as in	read
english	l	as in	love
arabic	l̬	as in	'yn
english	c	as in	think
english	ç	as in	these
english	x	as in	ship
sanskrit	x̣	as in	śri
chinese	x̤	as in	xiang
english	w	as in	word
english	y	as in	yard
hebrew	'	as in	la'asof

amharic

ፀሀይ

ţsẹ́hai

sun

ጨረቃ

ţxẹ́reķa

moon

ኮኮብ

kókob

star

ሰማይ

sẹ́mai

sky

መmEሬት

mí̤ŕet

land

ባህር

bí̤hẹŕ

sea

ውሀ

wí̤ha

water

እሳት

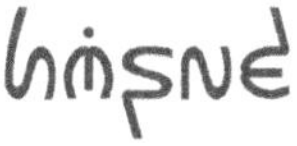

'í̤sat

fire

ደመና

dẹ́mẹna

cloud

ዝናብ

zí̤nab

rain

ተራራ

tẹ́ŕaŕa

mountain

ድንጋይ

dí̤ngai

stone

ዛፍ

záf

tree

ቅጠል

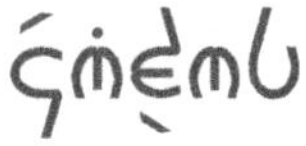

k̖í̤t̖i̤l

leaf

ፍራፍሬ

fi̤ŕáfi̤ŕe

fruit

የአትክልት ዘር

yẹ'ẹti̤kí̤li̤t zẹŕ

seed

መስራት

mẹ́si̤ŕat

make

ፍቅር

fí̤k̖i̤ŕ

love

ማየት

máyẹt

see

መስማት

mẹ́si̤mat

hear

ማሰብ

máseb

think

መብረር

mébŕeŕ

fly

መራመድ

méŕamed

walk

መቀመጥ

mékemet

sit

መብላት

mẹ́bi̤lat

eat

መጠጣት

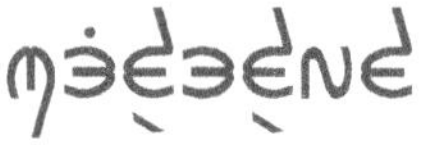

mẹ́t̖ẹt̖at

drink

መተኛት

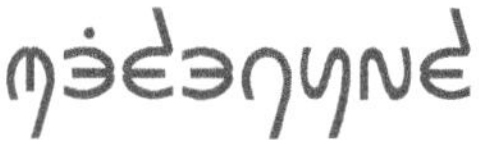

mẹ́tẹnyat

sleep

ጭነት

t̖xí̤nẹt

load

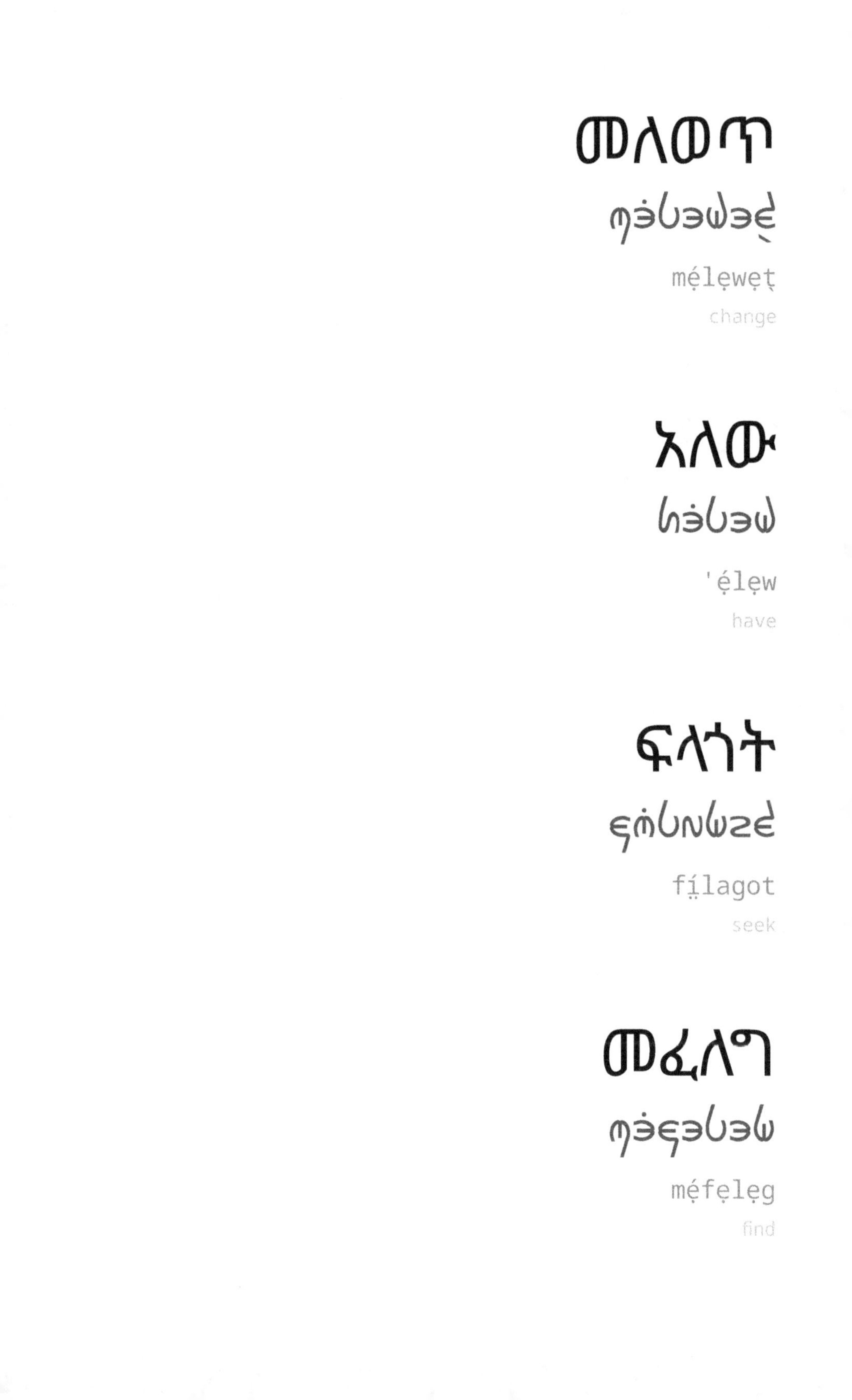

መለወጥ

mẹ́lẹwẹṭ

change

አለው

'ẹ́lẹw

have

ፍላጎት

fị́lagot

seek

መፈለግ

mẹ́fẹlẹg

find

arabic

شمس

xẹ́mson

sun

قمر

ḳámẹŕon

moon

نجمة

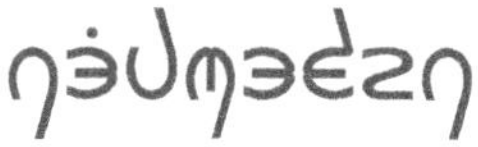

nẹ́jmẹton

star

سماء

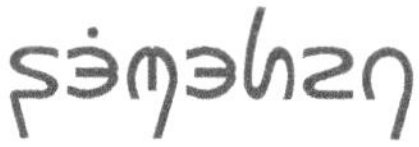

sẹ́mẹ'on

sky

أرض

'ẹ́ŕc̤on

land

بحر

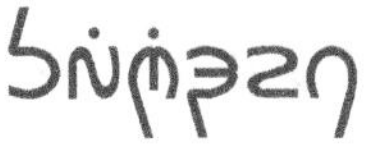

báh̤ŕon

sea

ماء

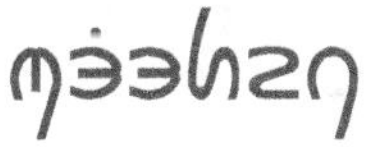

mẹ́ẹ'on

water

حريق

h̤ẹ́ŕiiḳon

fire

سحابة

sẹh̤éebaton

cloud

مطر

mát̃aŕon

rain

جبل

jẹ́bẹlon

mountain

حجر

h̤ájaŕon

stone

شجرة

xájaŕaton

tree

ورقة

wáŕaķaton

leaf

فاكهة

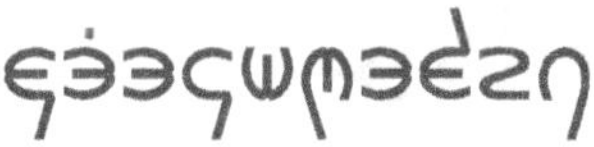

fẹ́ẹkihẹton

fruit

بذرة

báçaŕaton

seed

صنع

ṣánẹ"a

make

حب

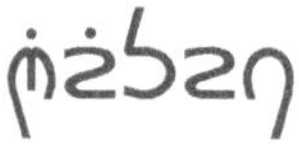

h̤óbon

love

رأى

rá'ẹẹ

see

سمع

sẹ́mi"a

hear

فكر

fẹkáŕa

think

حلّق

h̤alá"a

fly

مشى

mẹ́xẹẹ

walk

جلس

j̈ẹ́lẹsẹ

sit

أكل

'ẹkẹ́lẹ

eat

شرب

xẹ́ŕibẹ

drink

نام

nẹ́ẹmẹ

sleep

حمّل

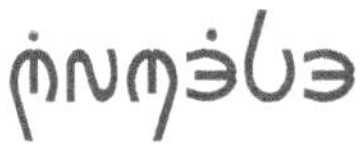

h̤amẹ́lẹ

load

غيّر

r̤ayáŕa

change

ملك

mẹ́lẹkẹ

have

بحث

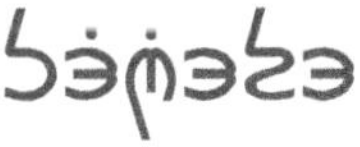

bẹ́h̤ẹc̣ẹ

seek

وجد

wẹ́jẹdẹ

find

armenian

արև

ąŕév

sun

լուսին

luusín

moon

աստղ

ásţ"

star

երկինք

yeŕkínq

sky

երկիր

yeŕkíŕ

land

ծով

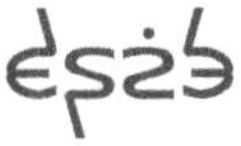

tsóv

sea

ջուր

djúŕ

water

հրդեհ

hŕdéh

fire

ամպ

ámph

cloud

անձրև

andzŕév

rain

լեռ

lér̤

mountain

ժայռ

jáir̤

stone

ծառ

tsáŕ

tree

տերև

ţeŕév

leaf

միրգ

míŕk

fruit

սերմ

séŕm

seed

պատրաստել

patŕastél

make

սիրել

siŕél

love

տեսնել

tesnél

see

լսել

lsél

hear

մտածել

mṭatsél

think

թռչել

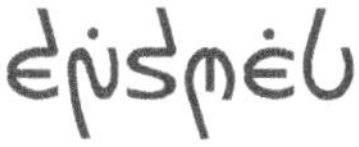

tṛchél

fly

քայլել

kailél

walk

նստել

nsṭél

sit

ուտել

uuṭél

eat

խմել

ḥmél

drink

քնել

knél

sleep

բեռնել

ber̤nél

load

փոխել

poḥél

change

ունենալ

uunenál

have

փնտրել

pnṭŕél

seek

գտնել

gṭnél

find

bengali

সূর্য

suŕzó

sun

চাঁদ

txáḍ

moon

তারা

ţáŕa

star

আকাশ

ákas

sky

ভূমি

vúmi

land

সমুদ্র

smúḍŕ

sea

জল

jọ́l

water

আগুন

agún

fire

মেঘ

mẹ́gh

cloud

বৃষ্টি

bŕíxṭi

rain

পর্বত

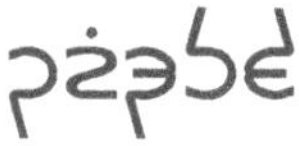

pórb́t

mountain

পাথর

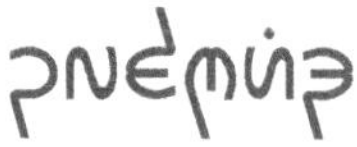

pathọ́ŕ

stone

গাছ

gátx

tree

পাতা

páta

leaf

ফল

fọ́l

fruit

বীজ

bị́iz

seed

তৈরী করা

ṭóiŕi kŕa

make

ভালোবাসা

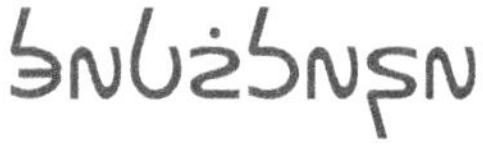

valóbasa

love

দেখা

ḍékha

see

শোনা

xúna

hear

চিন্তা করা

txínṭa kŕa

think

উড়ে

uŕe

fly

হাঁটা

háta

walk

বসা

bsá

sit

খেতে

ḥéṭe

eat

পান করা

pán kŕa

drink

ঘুমাতে

ghumáṭé

sleep

ভরা

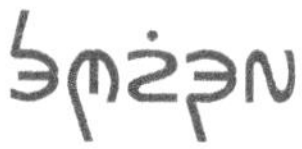

vhóŕa

load

পরিবর্তন

póŕiboŕṭn

change

আছে

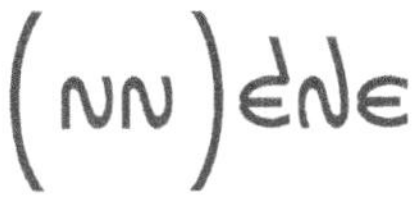

have

সন্ধান

snḍhán kŕá

seek

অনুসন্ধান

aanusnḍhán

find

burmese

နေ

ne

sun

လ

la'

moon

ကြယ်

txel

star

ကောင်းကင်

kâaun kịn

sky

မြေ

ηω

mi

land

ပင်လယ်

ɔωη ʋϵʋ

pin lel

sea

ရေ

ʋϵ

je

water

မီး

ηώώω

mîîi

fire

တိမ်

teịn

cloud

မိုး

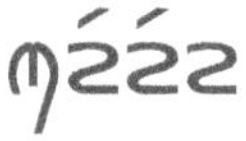

môôo

rain

တောင်

taun

mountain

ကျောက်

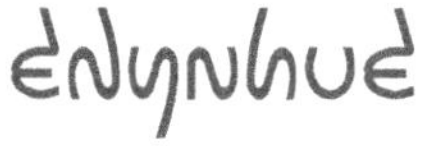

txya'ut

stone

သစ်ပင်

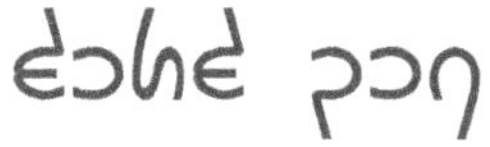

tị't pịn

tree

အရွက်

ajwa't

leaf

သစ်သီး

tị't tîîi

fruit

အစေ့

ụ se'

seed

လုပ်

lok

make

ချစ်

txi't

love

မြင်

míẹn

see

ကြား

txyââao̤

hear

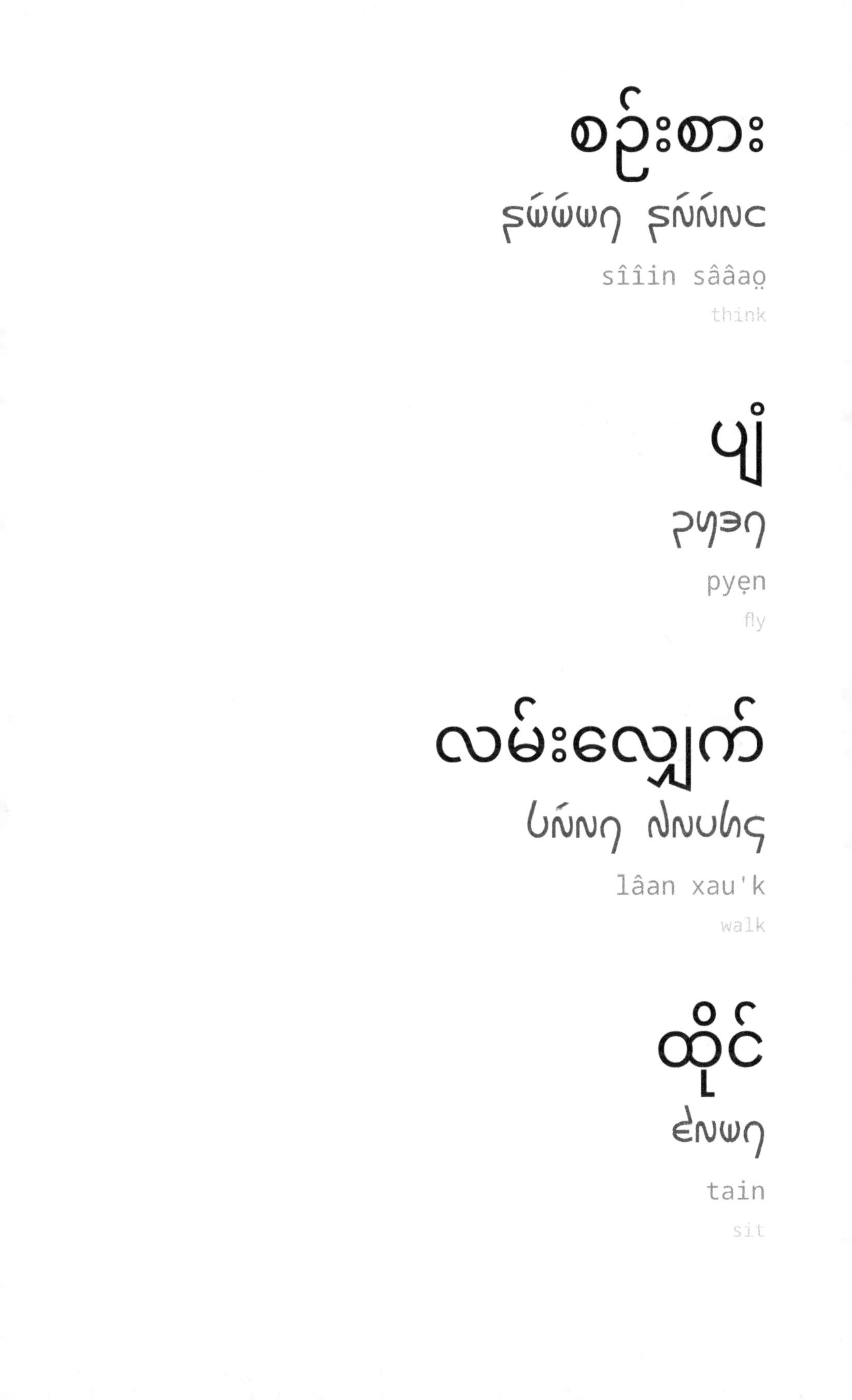

စဉ်းစား

sîîin sââaọ

think

ပျံ

pyẹn

fly

လမ်းလျှောက်

lâan xau'k

walk

ထိုင်

tain

sit

စား

sââar

eat

သောက်

thau'k

drink

အိပ်

ei'

sleep

ဝန်တင်

won tịn

load

ပြောင်းလဲ

pyaûûuq lêel

change

ရှိ

xi'

have

ရှာဖွေ

xar phwe

seek

တွေ့မြင်

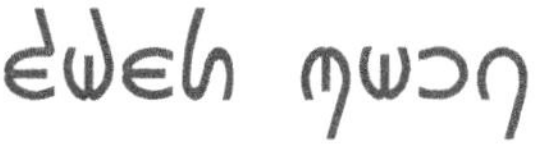

twe' miịn

find

chinese

太阳

thâăiyaâq

sun

月亮

ywuộọ̌lyâăq

moon

星星

x̤îqx̤îq

star

天空

thyậnkhộq

sky

陆地

lûŭtîĭ

land

海洋

h̤âăâiyaâq

sea

水

xweîĭî

water

火

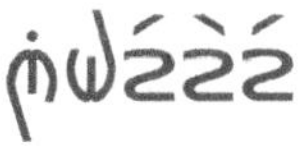

h̤wôŏô

fire

云

ywuûn

cloud

雨

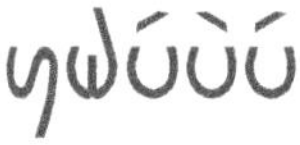

ywûŭû

rain

山

xân

mountain

石头

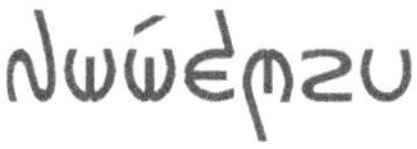

xiîthou

stone

树

xûǔ

tree

叶子

yộọ̌tsi

leaf

水果

xweîǐîkwôǒô

fruit

种子

ṭxộọ̌ộqtsîǐî

seed

做

tswôǒ

make

爱

âǎi

love

看见

khâǎntxyậặn

see

听

tâǎu

hear

想

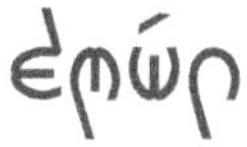

thîq

think

飞

x̤yâǎâq

fly

走

tsôǒôu

walk

坐

fêitswôǒ

sit

吃

ţxhî

eat

喝

h̤ộ

drink

睡觉

xweîĭtxyâău

sleep

装载

ţxwâqtsâăâi

load

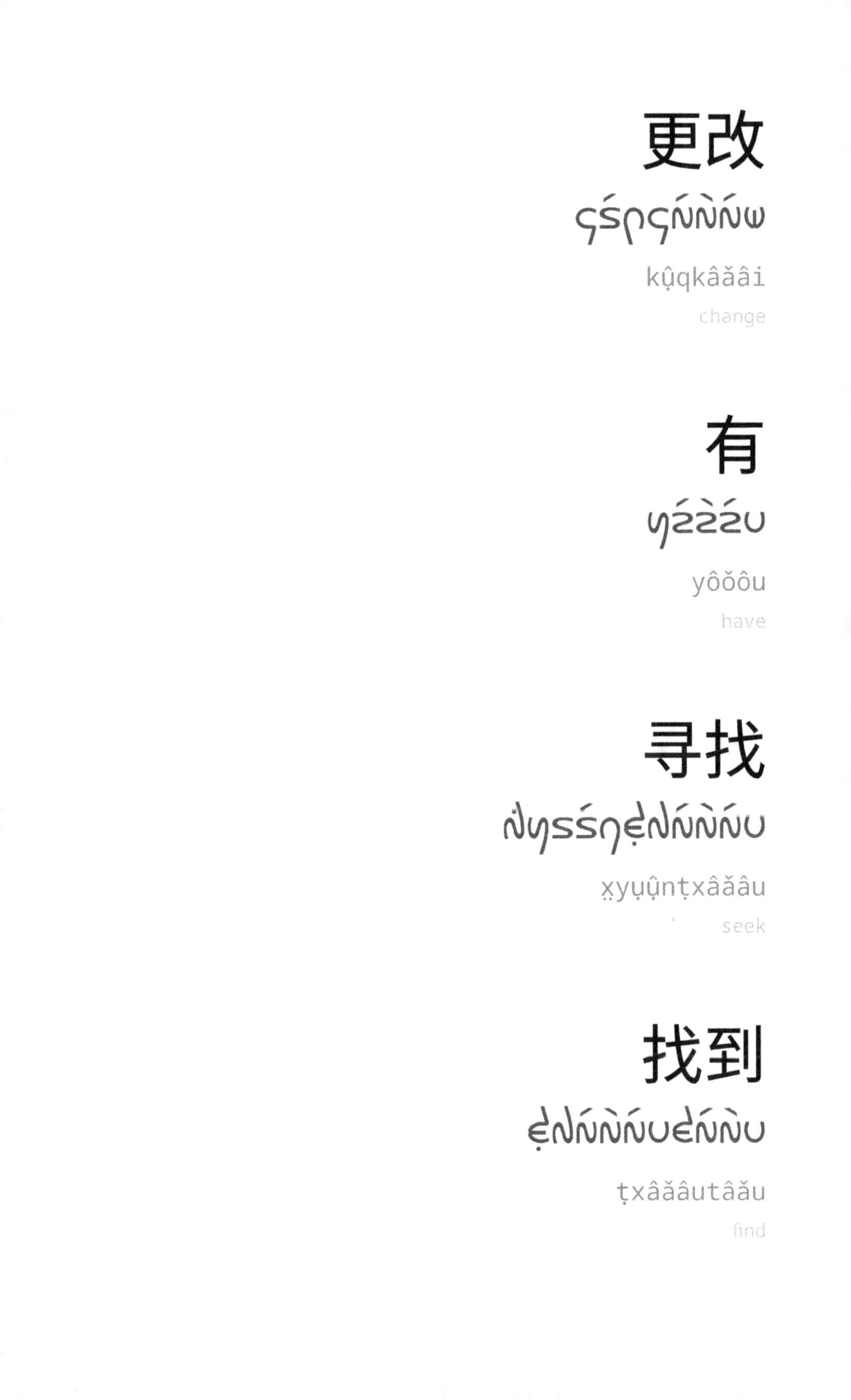

更改

kûqkâăâi

change

有

yôǒôu

have

寻找

x̤yụụ̂nṭxâăâu

seek

找到

ṭxâăâutâău

find

egyptian

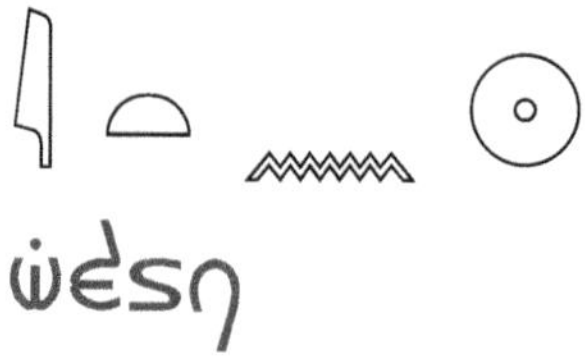

ítụn

sun

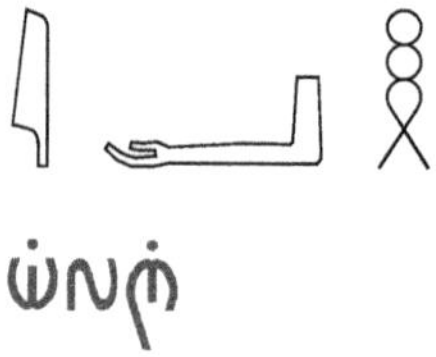

íaḥ

moon

súba

star

pẹt

sky

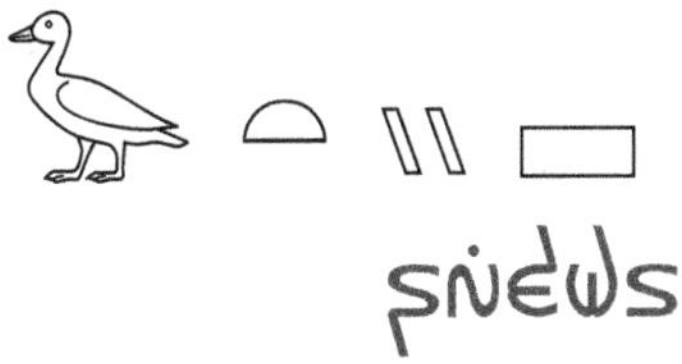

sátwų

land

wąḍ wáḍųwŕ

sea

mow

water

xut

fire

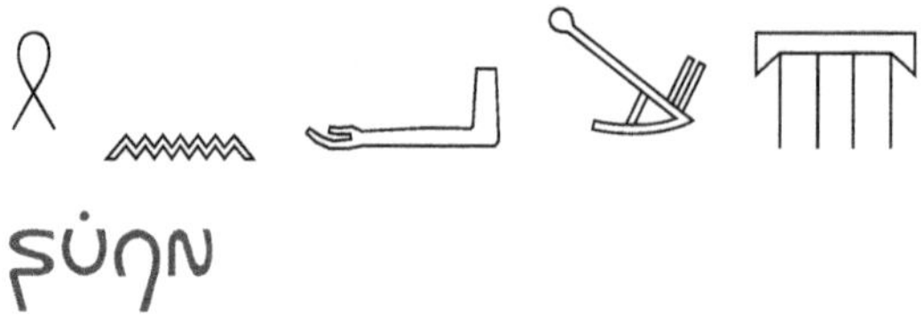

súna

cloud

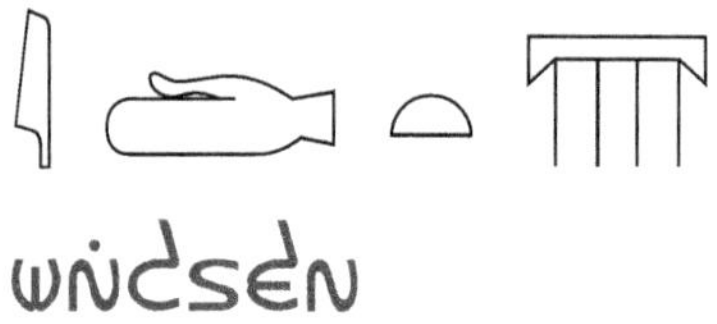

iáduta

rain

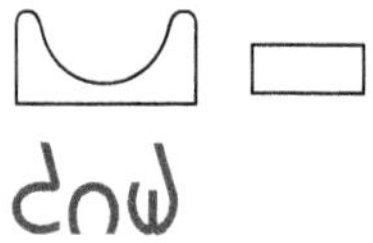

daw

mountain

inŕu

stone

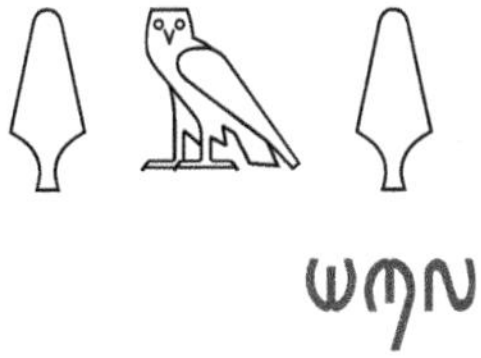

ima

tree

díŕod

leaf

pęŕęt

fruit

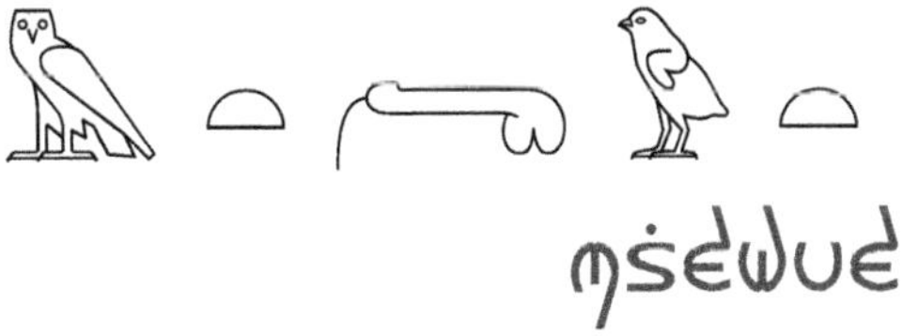

mų́twut

seed

sẹ́xpŕa

make

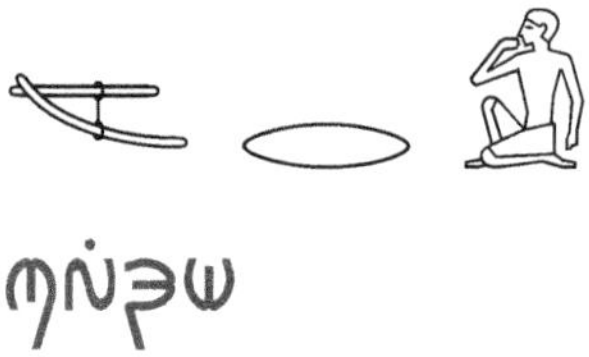

máŕi

love

pótŕụ

see

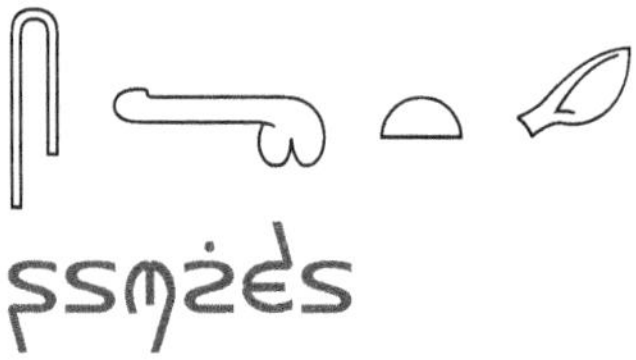

sụmótụ

hear

ịb

think

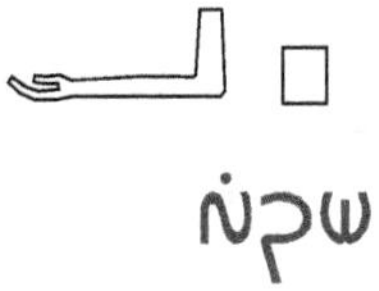

ápi

fly

xụmá

walk

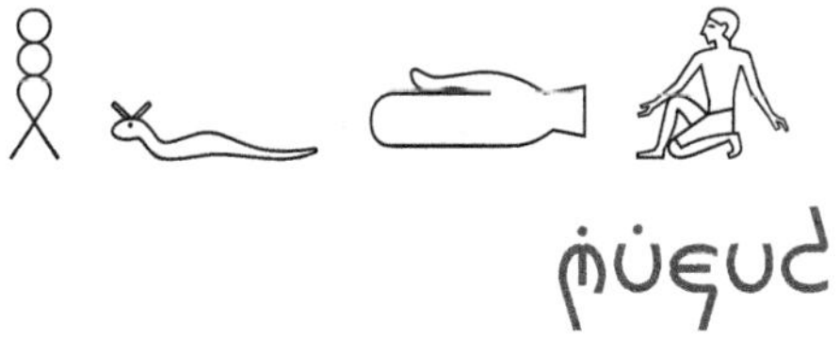

ḥúfud

sit

wínụmụ

eat

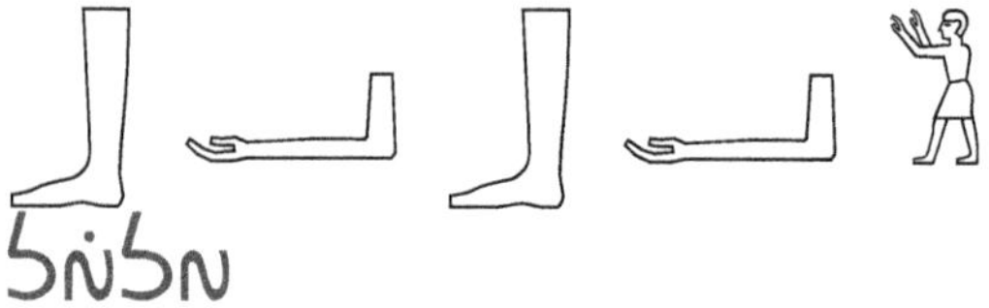

bába

drink

áwoy

sleep

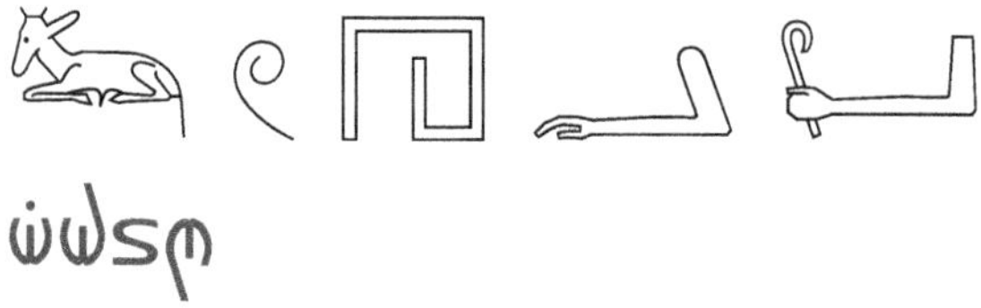

íwụh

load

xíṕṛų

change

baḫí

have

wų́xa

seek

gọ́mi

find

georgian

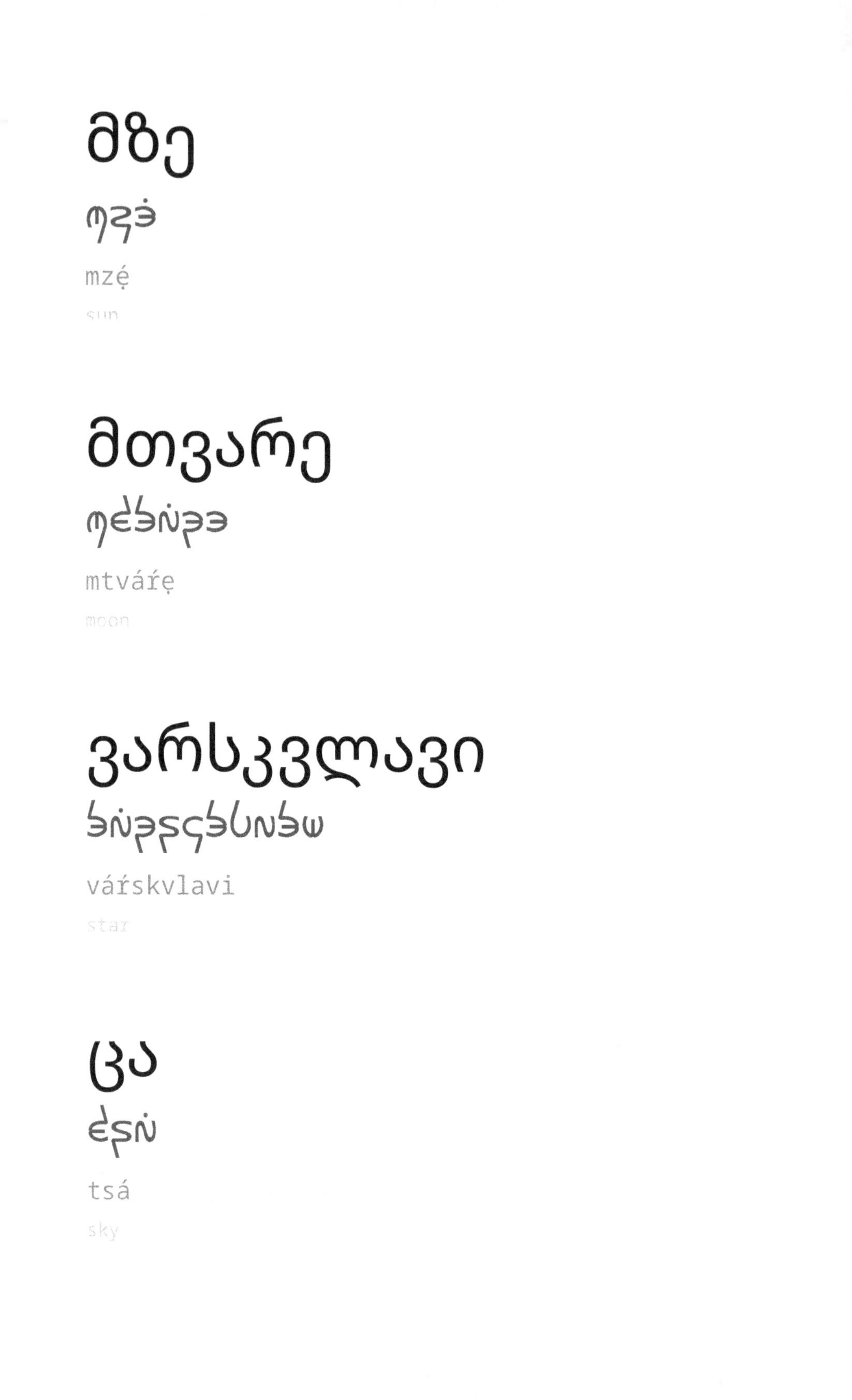

მზე

mzę́

sun

მთვარე

mtváŕę

moon

ვარსკვლავი

váŕskvlavi

star

ცა

tsá

sky

მიწა

mítsa

land

ზღვა

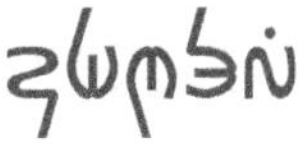

zghvá

sea

წყალი

ţs'ḥ̤áli

water

ცეცხლი

tsẹ́tsḥ̤li

fire

ღრუბელი

ṛṛ́ọ́bẹli

cloud

წვიმა

ţs'víma

rain

მთა

mtá

mountain

ქვა

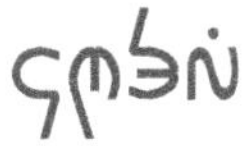

khvá

stone

ხე

h̤ẹ́

tree

ფოთოლი

pṳ́tṳli

leaf

ხილი

h̤íli

fruit

თესლი

tẹ́sli

seed

გაკეთება

gákẹtẹba

make

სიყვარული

sih̤váŕọli

love

დანახვა

dánah̤va

see

გაგება

gágeba

hear

ფიქრი

píkhŕi

think

ფრენა

pŕẹ́na

fly

სიარული

síaŕuli

walk

ჯდომა

djdóma

sit

ჭამა

ţx'áma

eat

დალევა

dáḷeva

drink

ძილი

dz'íli

sleep

დატვირთვა

dáṭviṛŕtva

load

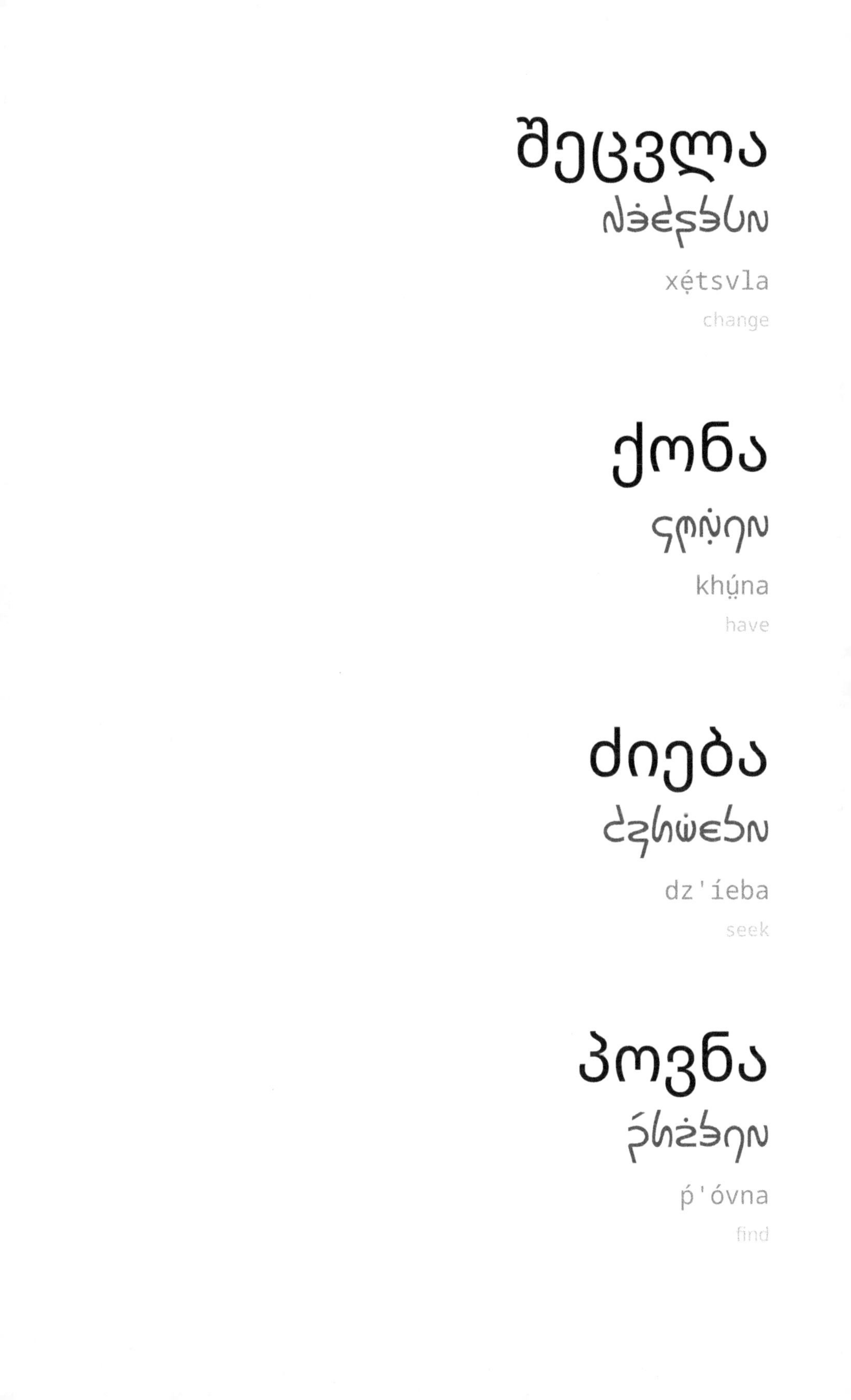

შეცვლა

xẹ́tsvla

change

ქონა

khṳ́na

have

ძიება

dz'íeba

seek

პოვნა

ṕ'óvna

find

greek

ήλιος

ílios

sun

φεγγάρι

fẹgáŕi

moon

αστέρι

astẹ́ŕi

star

ουρανός

uŕanós

sky

στεριά

stęŕiá

land

θάλασσα

cálasa

sea

νερό

nęŕó

water

φωτιά

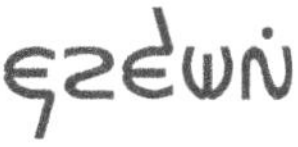

fotiá

fire

σύννεφο

sínęfo

cloud

βροχή

vŕohí

rain

βουνό

vunó

mountain

πέτρα

pętŕa

stone

δένδρο

ç̣ẹ́nç̣ŕo

tree

φύλλο

fílo

leaf

φρούτο

fŕúto

fruit

σπόρος

spóŕos

seed

φτιάχνω

ftiáhno

make

αγαπώ

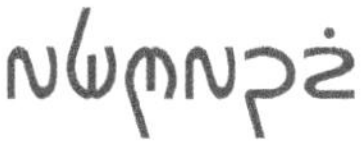

aghapó

love

βλέπω

vlẹ́po

see

ακούω

akúo

hear

σκέπτομαι

skęptomę

think

πετάω

pętáo

fly

περπατάω

pęŕpatáo

walk

κάθομαι

kháconę

sit

τρώω

tŕóo

eat

πίνω

píno

drink

κοιμάμαι

kimámẹ

sleep

φορτώνω

foŕtóno

load

αλλάζω

alázo

change

έχω

ẹ́ho

have

αναζητώ

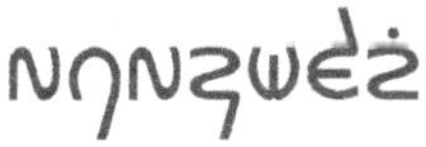

anazitó

seek

βρίσκω

vrísko

find

gujarati

સૂર્ય

sóoŕya

sun

ચંદ્ર

txándŕa

moon

તારો

táaŕo

star

આકાશ

aakáax

sky

જમીન

djaméen

land

સમુદ્ર

samúdŕa

sea

પાણી

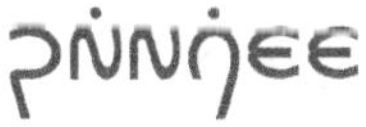

páaṇee

water

અગ્નિ

agní

fire

વાદળ

váadal

cloud

વરસાદ

vaŕsáad

rain

પર્વત

páŕvat

mountain

પથ્થર

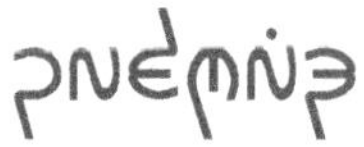

patháŕ

stone

વૃક્ષ

vŕúkx

tree

પર્ણ

paŕṇá

leaf

ફળ

fál

fruit

બીજ

béedj

seed

બનાવવું

banaavavún

make

પ્રેમ

prém

love

જોવું

jovún

see

સાંભળવું

saambhalvún

hear

વિચારવું

vichaaŕvún

think

ઉડાન

úḍan

fly

ચાલવા

txáluwa

walk

બેસવું

béesụvm

sit

ખાવું

khávm

eat

પીવું

pívum

drink

ઊંઘ

uṇgha

sleep

પકડી

pákaḍi

load

બદલવું

badalavún

change

છે

txe

have

ખોજવું

khodjavún

seek

શોધવું

shodhavún

find

hebrew

שמש

xémex

sun

ירח

yaŕé'ah̤

moon

כוכב

koh̤áv

star

שמיים

xamá'yim

sky

ארץ

áŕetz

land

ים

yám

sea

מים

má'yim

water

אש

ẹx

fire

עננ

anán

cloud

גשם

gẹ́xẹm

rain

הר

háṟ̤

mountain

אבן

ẹ́vẹn

stone

עץ

ẹts

tree

עלה

alé

leaf

פרי

pŕi

fruit

זרע

zéṛa

seed

לעשות

la'asót

make

לאהוב

le'ehóv

love

לראות

lir̤'ót

see

לשמוע

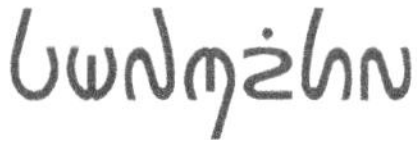

lixmó'a

hear

לחשוב

lah̤xóv

think

לעוף

la'úf

fly

ללכת

la'léh̤ẹt

walk

לשבת

laxévẹt

sit

לאכול

le'e'h̤ól

eat

לשתות

lixtót

drink

לישון

lixón

sleep

להעמיס

le'ha'amís

load

לשנות

lexanót

change

להיות

li'hiyót

have

לחפש

leh̤apẹ́s

seek

למצוא

limtzó

find

inuktitut

ᓯᕿᓂᖅ

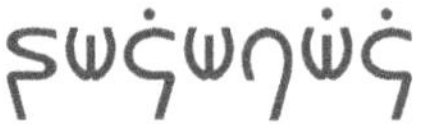

siḳiniḳ

sun

ᑕᖅᑭᖅ

taḳíḳ

moon

ᐅᓪᓗᕆᐊᖅ

uluṟiáḳ

star

ᕿᓚᒃ

ḳilák

sky

ᓄᓇ

nuná

land

ᑕᕆᐅᖅ

taṟiúķ

sea

ᐃᒥᖅ

imíķ

water

ᐃᑯᒪ

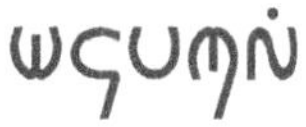

ikumá

fire

ᓄᕗᔭ

nuvuyá

cloud

ᒥᓂ

miní

rain

ᖅᑲᖅᑲ

ḳaḳḳá

mountain

ᐅᔭᕋᖅ

uyar̤áḳ

stone

ᓇᐹᖅᑐᖅ

napaaķtúķ

tree

ᐊᑭᕈᐊᕈᖅ

akiŗuaŗúķ

leaf

ᒪᒪᖅᑐᖅ

mamaķtúķ

fruit

ᖃᐸᒃ

ķapák

seed

ᓴᓇᓕ

sanalí

make

ᑕᑯᑦᓱᒍᓱᑉᐳᖅ

takutsuqusupúķ

love

ᑕᑯ-

takú

see

ᑐᓴᖅ-

tusáķ

hear

ᐃᓱᒪ-

isumá

think

ᐊᓇᖕᒋᖅ

ananqíķ

fly

ᐱᓱᒡᑉᐅᖅ

pisuqpóķ

walk

ᐃᖕᒋᑉᑉᐅᖅ

inqipóķ

sit

ᓂᕆᐨ

niŗí

eat

ᐃᒻᐃᕐᑉᐅᖅ

imiŗpóķ

drink

ᓯᓂᒃᐨ

siník

sleep

ᐆᕐᓚ

puuŗlí

load

ᐊᓯᔾᔨᕐᓕ

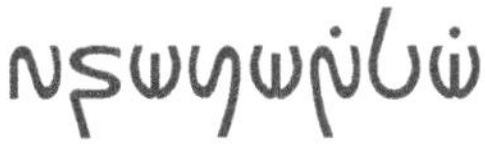

asiyiṟlí

change

–ᖅᑲᖅ

ḳáḳ

have

–ᓯᐅᖅ

siúḳ

seek

ᓇᓂᓕ

nanilí

find

japanese

ひ

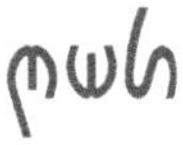

hi'

sun

つき

ts'kí

moon

ほし

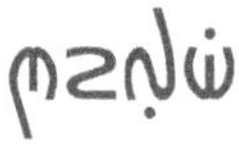

hox̣í

star

そら

sóŕa

sky

ど

ts'txí

land

うみ

ọmí

sea

みず

mizú'

water

ひ

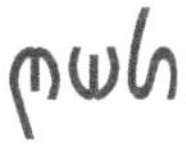

hi'

fire

くも

kọ́mo

cloud

あめ

áme

rain

やま

yamá

mountain

いし

ịxí

stone

き

kí

tree

は

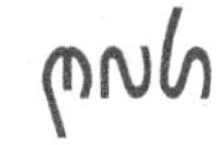

ha'

leaf

くだもの

kudámono

fruit

たね

táne

seed

つくる

ts'kúŕu

mạke

あいする

áisụŕu

love

みる

míŕu

see

きこえる

k'ikóeŕu

hear

おもう

ųmó

think

とぶ

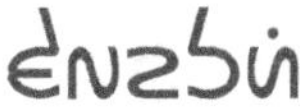

taobǫ́

fly

あるく

áŕuku

walk

すわる

suwáŕi̤

sit

たべる

tabéŕu

eat

のむ

nómọ

drink

ねる

nẹŕú

sleep

のせる

noséŕi̤

load

へんこうする

henkóosi̤ŕi̤

change

もっている

moteiŕi̤

have

もとめる

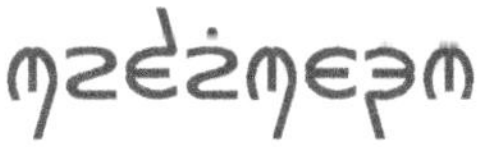

motómeŕi̤

seek

みつける

mitskéŕi̤

find

javanese

sŕụqeqé

sun

ŕémbulan

moon

bíntaq

star

láqịt

sky

lúmah

land

sụgóŕo

sea

banyu

water

gụní

fire

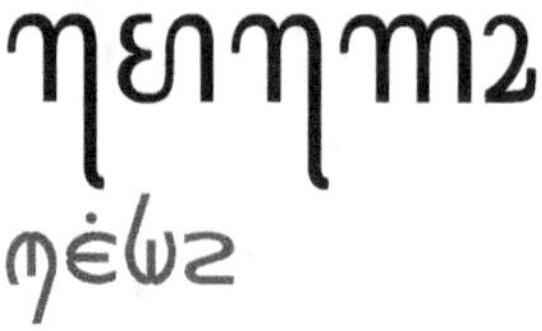

mégo

cloud

udán

rain

gunúq

mountain

watú

stone

ꦮꦶꦠ꧀

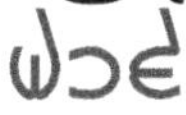

wịt

tree

ꦒꦺꦴꦝꦺꦴꦁ

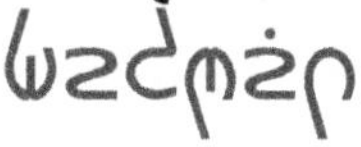

godhóq

leaf

ꦮꦺꦴꦃ

buah

fruit

ꦮꦶꦗꦶ

wídji

seed

gáwi

make

trésno

love

dẹlụ́q

see

kŕúqu

hear

mekị́ŕ

think

mabúŕ

fly

mláku

walk

lúqguh

sit

maqán

eat

qómbe

drink

tuŕú

sleep

momotán

load

ꦒꦤ꧀ꦠꦶ

gánti

change

ꦢꦸꦮꦺ

dúwe

have

ꦒꦺꦴꦭꦺꦏꦶ

golẹ'i

seek

ꦤꦺꦩꦺꦴꦏꦏꦺ

tụmo'ake

find

kannada

ಸೂರ್ಯ

súuŕya

sun

ಚಂದ್ರ

txándŕụ

moon

ನಕ್ಷತ್ರ

nakx̣ụ́tŕụ

star

ಆಕಾಶ

ạkáxa

sky

ಭೂಮಿ

bhúumi

land

ಸಮುದ್ರ

samúdŕa

sea

ನೀರು

níiŕu

water

ಬೆಂಕಿ

béṇki

fire

ಮೋಡ

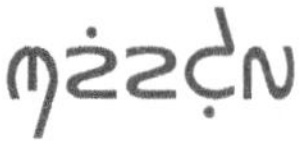

móoḍa

cloud

ಮಳೆ

mále

rain

ಪರ್ವತ

páŕvụta

mountain

ಕಲ್ಲು

kálu

stone

ಮರ

máŕa

tree

ಎಲೆ

ẹ́le

leaf

ಹಣ್ಣು

háṇu

fruit

ಬೀಜ

bíidja

seed

ಮಾಡಿ

máaḍi

make

ಪ್ರೀತಿ

príiti

love

ನೋಡಿ

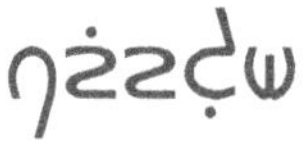

nóoḍi

see

ಕೇಳಿ

kéeli

hear

ಯೋಚಿಸಿ

yótxịsi

think

ಹಾರುವುದು

háaŕuvudu

fly

ನಡೆಯಿರಿ

ṇadéŕi

walk

ಕುಳಿತುಕೊಳ್ಳಿ

kulịtukóli

sit

ತಿನ್ನಿರಿ

tịniŕi

eat

ಕುಡಿಯಿರಿ

kuḍíŕi

drink

ನಿದ್ರೆ

nidŕé

sleep

ತುಂಬಲು

túmbalu

load

ಬದಲಾವಣೆ

badaláavane

change

ಹೊಂದಿವೆ

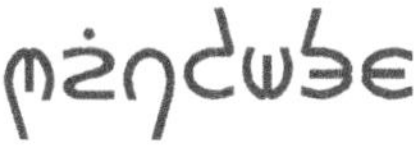

hóndive

have

ಹುಡುಕುವುದು

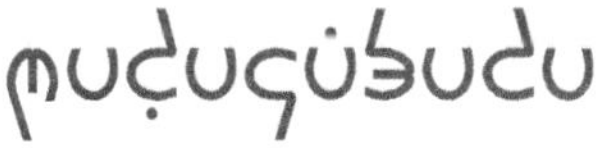

huḍukúvudu

seek

ಹುಡುಕಿ

huḍukí

find

khmer

ព្រះអាទិត្យ

préhatut

sun

ព្រះច័ន្ទ

pré'txụn

moon

ផ្កាយ

pkay

star

មេឃ

mek

sky

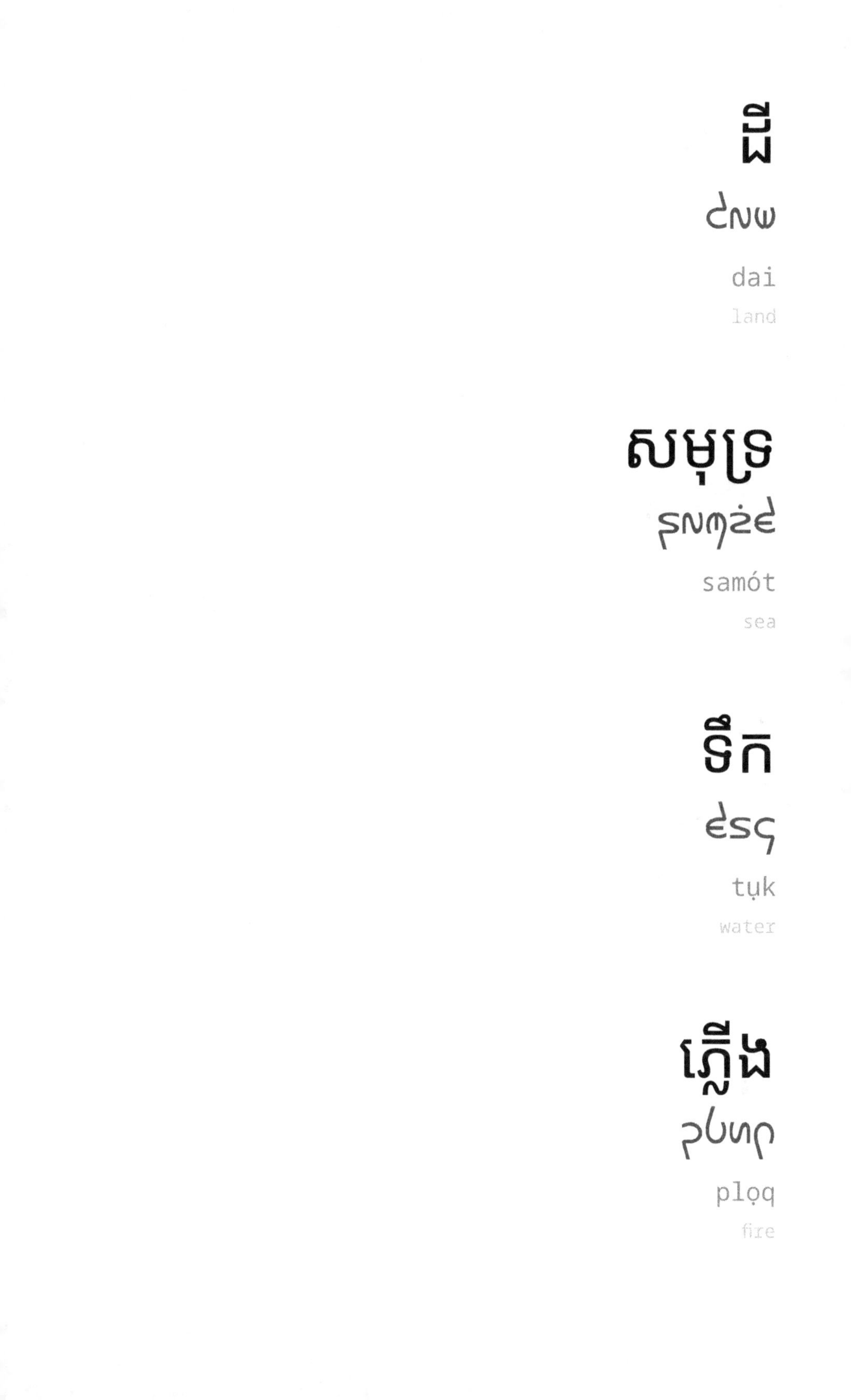

ដី

dai

land

សមុទ្រ

samót

sea

ទឹក

tụk

water

ភ្លើង

plọq

fire

ពពក

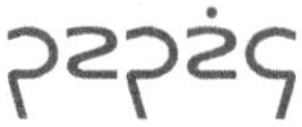

popók

cloud

ភ្លៀង

phlieq

rain

ភ្នំ

phnom

mountain

ថ្ម

thmor

stone

ដើមឈើ

damtxú

tree

ស្លឹក

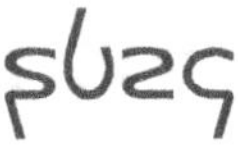

slok

leaf

ផ្លែឈើ

pláitxho

fruit

ពូជ

pu

seed

ធ្វើឱ្យ

cvuháo

make

ស្រឡាញ់

sralái

love

មើល

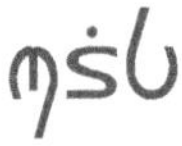

mụ́l

see

ឮ

lị

hear

គិត

kụt

think

ហោះ

hah

fly

ដើរ

dar

walk

អង្គុយ

aqkói

sit

ញ៉ាំ

nham

eat

ផឹក

pok

drink

គេង

keq

sleep

ផ្ទុក

phtok

load

ប្ដូរ

bto

change

មាន

miẹn

have

ស្វែងរក

svaiqrókh

seek

រក

rokh

find

korean

태양

téyaq

sun

달

dai

moon

별

byụ́l

star

하늘

háneị̤

sky

토지

thúdji

land

바다

báda

sea

물

mul

water

불

bul

fire

구름

gulụ́m

cloud

비

bii

rain

산

san

mountain

돌

dol

stone

나무

námu

tree

잎

ip

leaf

과일

hwáil

fruit

씨

si

seed

만들다

mándi̤lda

make

사랑한다

sálaqhandá

love

보다

bhúda

see

듣다

di̤'da

hear

생각하다

síqgakháda

think

날다

náilda

fly

걷다

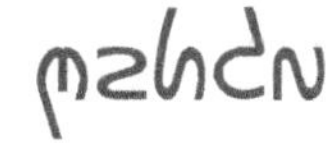

ho'da

walk

앉다

ándjda

sit

먹다

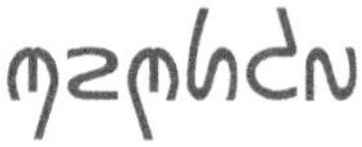

moh'da

eat

흡수하다

hị̈bsuada

drink

자다

tx̣áda

sleep

싣다

x̣i'da

load

변화

byéonhwa

change

가지다

khádjida

have

탐색하다

tamsékhada

seek

찾다

tx̣ádjda

find

latin

solis

sólis

sun

luna

lúnų

moon

stella

stélų

star

caelum

káilum

sky

terra

tęŕa

land

mare

máŕe

sea

aqua

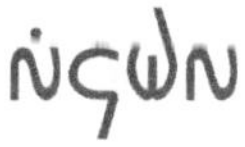

ákwa

water

ignis

ígnịs

fire

nubes

núbẹs

cloud

pluviam

plúviam

rain

mons

mons

mountain

lapis

lápis

stone

arbor

áŕboŕ

tree

folium

fólium

leaf

fructus

fŕúctus

fruit

semen

sı̣́mẹn

seed

facere

fátxęŕe

make

amare

ámaŕe

love

videre

vidęŕe

see

audire

audíŕe

hear

cogitare

codjitáŕe

think

volare

voláŕe

fly

ambulare

ambuláŕe

walk

sedere

sedẹ́ŕe

sit

manducare

mandukáře

eat

bibere

bibẹ́ře

drink

dormire

dořmíře

sleep

onerare

onẹráře

load

mutare

mutáŕe

change

habere

habẹ́ŕe

have

quaerere

qwairẹ́ŕe

seek

invenire

invẹníŕe

find

norse

sol

sun

tọqgl

moon

styạ́ŕnạ

star

hịmịn

sky

ląnd

land

hąŕ

sea

lógŕ

water

ęldŕ

fire

skį

cloud

ŕęgn

rain

fęl

mountain

stęín

stone

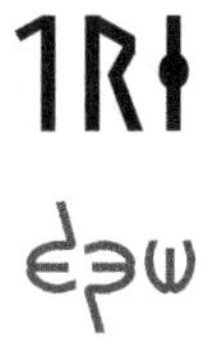

tŕi

tree

bląç

leaf

ępli

fruit

kośn

seed

smíçą

make

ęlską

love

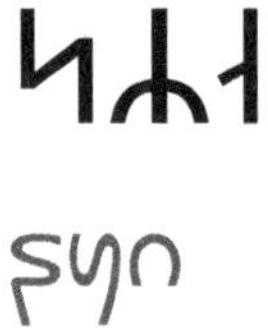

syą

see

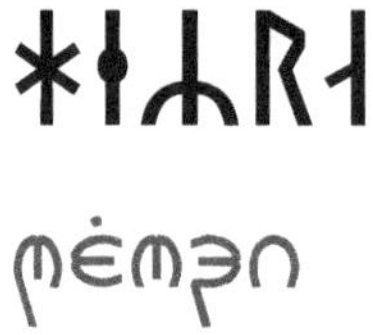

héi̤ŕą

hear

ẹ́ẹtlạ

think

flyugạ

fly

gạqạ

walk

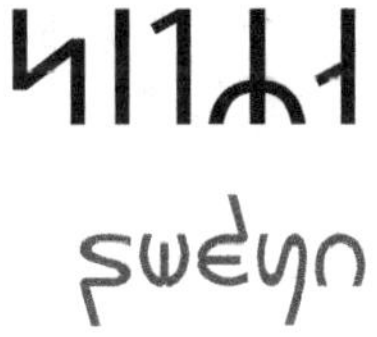

sityạ

sit

ętạ

eat

supạ

drink

sófạ

sleep

hlạçạ

load

bŕęgçą

change

ęįgą

have

lęįtą

seek

vįtą

find

oriya

ସୂର୍ଯ୍ୟ

suŕdjyó

sun

ଚାନ୍ଦ

txaandó

moon

ତାରା

taŕá

star

ଆକାଶ

akáso

sky

ଭୂମି

bhúmi

land

ସମୁଦ୍ର

sụmuḍŕó

sea

ପାଣି

paaní

water

ନିଆ

niụ́

fire

ବାଦଲ

badólo

cloud

ବରଷା

bośosá

rain

ପାହାଡ

páhado

mountain

ପଥର

páthośo

stone

ଗଛ

gotxhó

tree

ପତ୍ର

potŕó

leaf

ଫଳ

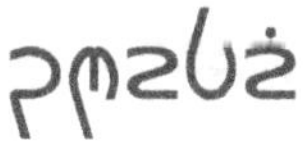

pholó

fruit

ମଞ୍ଜି

mondji

seed

ବନାଅ

bonáo

make

ପ୍ରେମ

pŕemó

love

ଦେଖ

dekhó

see

ଶୁଣ

súno

hear

ଭାବ

bhabó

think

ଉଡ

udó

fly

ଚାଲ

txálo

walk

ବସ

bosó

sit

ଖାଅ

kháo

eat

ପିଅ

pió

drink

ଶୋଇପଡ଼

soípado

sleep

ଭର

bhaŕó

load

ବଦଳ

bodólo

change

ଅଛି

atxhí

have

ଖୋଜ

khodjó

seek

ଅନ୍ୱେଷଣ କରିବା

anwesaná kóŕiba

find

punjabi

ਸੂਰਜ

súuŕẹdj

sun

ਚੰਦ

txándụ

moon

ਤਾਰਾ

táaŕaa

star

ਅਸਮਾਨ

asmáan

sky

ਜ਼ਮੀਨ

zụmíin

land

ਸਮੁੰਦਰ

sụmụ́ndụŕ

sea

ਪਾਣੀ

páaṇii

water

ਅੱਗ

ágị

fire

ਬੱਦਲ

ba'dẹl

cloud

ਮੀਂਹ

míi

rain

ਪਹਾੜ

paháaŕ

mountain

ਪੱਥਰ

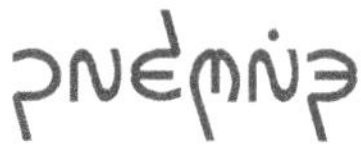

pathár

stone

ਰੁੱਖ

ŕúkh

tree

ਪੱਤਾ

patáa

leaf

ਫਲ

phál

fruit

ਬੀਜ

bíidj

seed

ਬਣਾਉਣ

baṇáauṇa

make

ਪਿਆਰ

piaaŕ

love

ਵੇਖੋ

véekhee

see

ਸੁਣੋ

súṇee

hear

ਸੋਚੋ

sóodjee

think

ਉੱਡਣਾ

úḍṇaa

fly

ਤੁਰਨਾ

túŕnaa

walk

ਬੈਠੋ

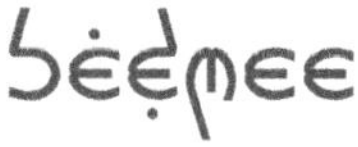

béṭhee

sit

ਖਾਣਾ

kháaṇaa

eat

ਪੀਣਾ

píiṇaa

drink

ਨੀਂਦ

níind

sleep

ਲੋਡ

lóoḍ

load

ਬਦਲੋ

bádle

change

ਕੋਲ

kól

have

ਭਾਲ

bháal

seek

ਲੱਭੋ

lábhe

find

russian

солнце

sóntsẹ

sun

луна

lunų́

moon

звезда

zviẹzdų́

star

небо

niẹ́bụ

sky

земля

zięmlių́

land

море

móŕię

sea

вода

vųdų́

water

огонь

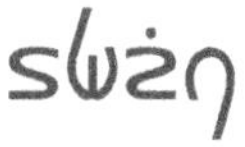

ųgón

fire

облако

óbłųkų

cloud

дождь

dojd

rain

гора

gųŕų

mountain

камень

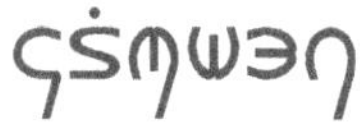

kų́mięn

stone

дерево

diẹ́ŕiẹvụ

tree

лист

list

leaf

фрукт

fŕukt

fruit

семя

siẹ́miụ

seed

делать

diẹ́lụt

make

любить

liubít

love

видеть

vídiẹt

see

слышать

slwíxụt

hear

думать

dúmụt

think

летать

liętụ́t

fly

ходить

hụdít

walk

сидеть

sidiẹ́t

sit

есть

yẹ́st

eat

пить

pit

drink

спать

spụ́t

sleep

загружать

zụgŕujụ́t

load

менять

mięniųt

change

иметь

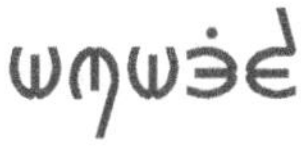

imięt

have

искать

iskųt

seek

находить

nųhųdít

find

sanskrit

सूर्य

suuŕyụ

sun

चन्द्र

txandŕụ

moon

नक्षत्रम्

nakx̣ụtŕụ́

star

नभ

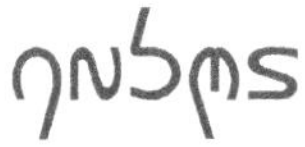

nabhụ

sky

धरा

dhaaŕáa

land

समुद्र

sụmudŕụ

sea

जलम्

djụlụ́

water

अनल

i̤nụlụ́

fire

मेघ

meghụ́

cloud

वृष्टि

vŕịx̣ṭhi

rain

गिरि

gịŕi

mountain

प्रस्तर

pŕụstŕụ

stone

वृक्ष

vŕíkxụ

tree

पत्रम्

paatŕụ́

leaf

फलम्

falụ́

fruit

बीजम्

biidjụ́

seed

निर्माणम्

nịŕmaaṇų́

make

स्नेहम्

snehų

love

दृश्

dŕixų́

see

श्रु

xŕutų́

hear

चिन्त्

txintụ́

think

उत्पतत्ति

utpatatí

fly

चल्

txalụ́

walk

स्था

sthá

sit

भक्ष्

bhákx̣yụ

eat

पिब्

pịbụ́

drink

स्वप

savápụ

sleep

वहनम्

vaahanụ́

load

परिवतर्तन

paŕíivatụ

change

वर्तत

vaŕtatụ́

have

अन्वेषणम्

anvenx̣ụṇụ́

seek

प्राप्य

pŕaapyụ́

find

sinhala

ඉර

íŕẹ

sun

සඳ

sụ́ndẹ

moon

තරුව

cáŕuvẹ

star

අහස

ụ́hụsẹụ

sky

පොළව

póḷęvę

land

මුහුද

múhudę

sea

වතුර

txáleyę

water

ගින්දර

gíndęŕę

fire

වළකුල

válakulẹ

cloud

වැස්ස

vẹsẹ́

rain

කන්ද

kụndẹ́

mountain

ගල

gálẹ

stone

ගස

gáse̜

tree

කොළය

kolaye̜

leaf

පළතුර

pále̜tuŕe̜

fruit

බීජය

biidjeye̜

seed

සාදනවා

sáadẹnụvaa

make

ආදරය

áadẹŕẹyẹ

love

දකිනවා

dákinụvaa

see

අසනවා

asẹ́nụvaa

hear

සිතනවා

sitẹ́nụvaa

think

පියාඹනවා

piyáaṃbẹnẹvaa

fly

ඇවිදිනවා

ẹ́vidinụvaa

walk

v(a)aDi v(e)nUvaa

sit

කනවා

kánụvaa

eat

බොනවා

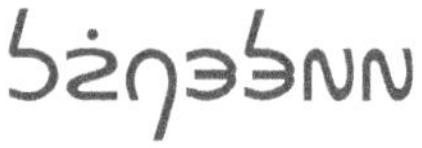

bónẹvaa

drink

නිදාගන්නවා

nidáaganụvaa

sleep

පටවනවා

páṭẹvanụvaa

load

මාරු කරනවා

máaŕu kéŕanụvaa

change

l(a)baa g(a)nUvaa

have

සොයනවා

sóyẹnụvaa

seek

සොයා බලනවා

soyáa bálẹnụvaa

find

sumerian

ọd

sun

usakář

moon

mulán

star

an

sky

u

land

ab

sea

a

water

ịzi

fire

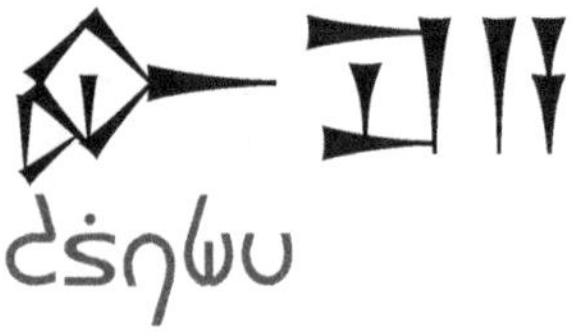

dų́ngu

cloud

xeq

rain

kuŕ

mountain

na

stone

qẹx

tree

qẹxẹmeẹ́xụs

leaf

ul

fruit

nụmún

seed

dim

make

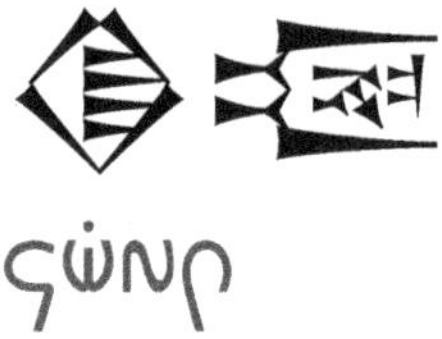

kíaq

love

ịgisịg

see

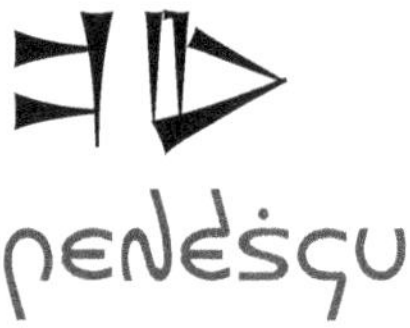

qextụ́ku

hear

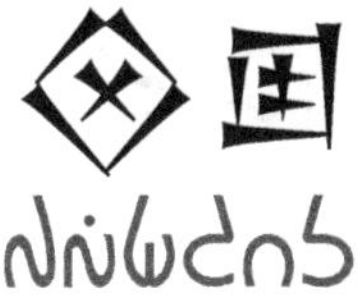

xágdạb

think

ábŕax

fly

hum

walk

tux

sit

gu

eat

naq

drink

u ku

sleep

gun

load

bal

change

deg

have

kiq

seek

pad

find

sundanese

panonpóe
sun

bulán
moon

bentáq
star

laqít
sky

dụŕát

land

laut

sea

txai

water

sụnụ

fire

awán

cloud

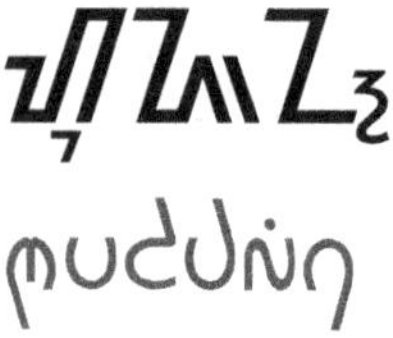

hudján

rain

gunúq

mountain

bátu

stone

taqkál

tree

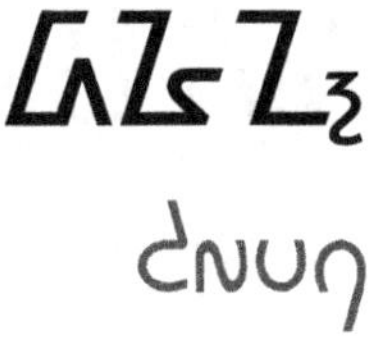

daun

leaf

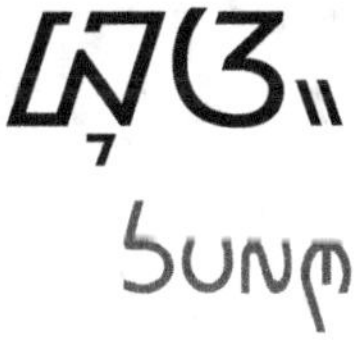

buah

fruit

sikí

seed

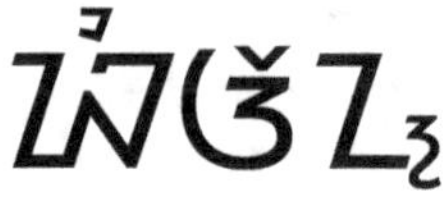

nyiųn

make

bogoh

love

nendjo

see

qadáqu

hear

mikiŕ

think

qapuq

fly

lumpáq

walk

txalik

sit

túaq

eat

qínum

drink

sáŕe

sleep

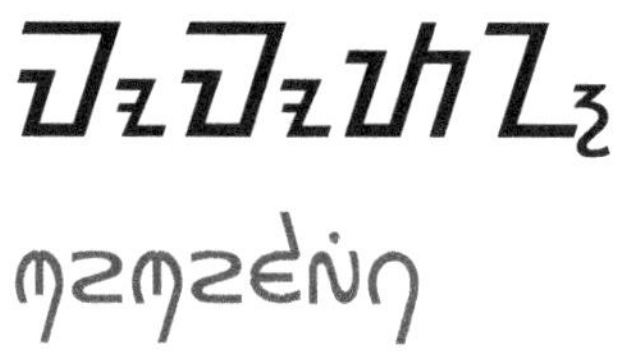

momotán

load

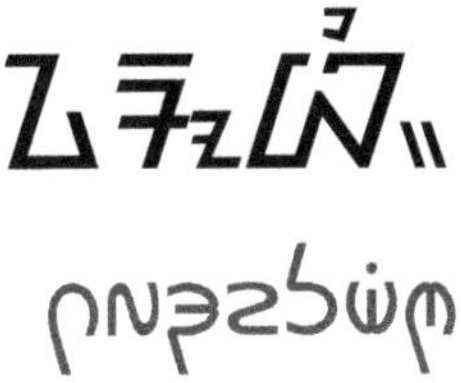

qaŕobíh

change

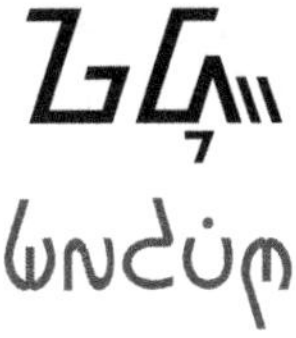

gadúh

have

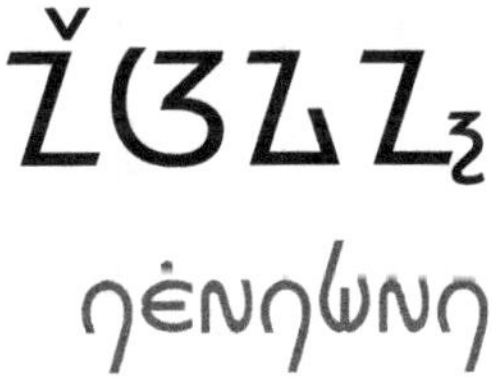

néangan

seek

máqqih

find

tagalog

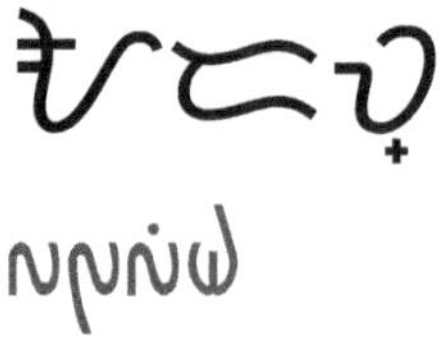

aráw

sun

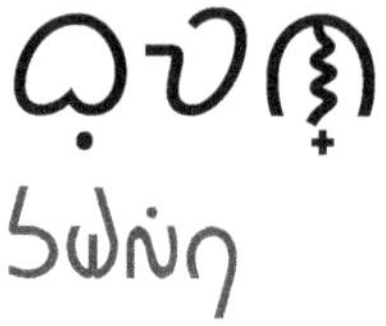

bwán

moon

bituín

star

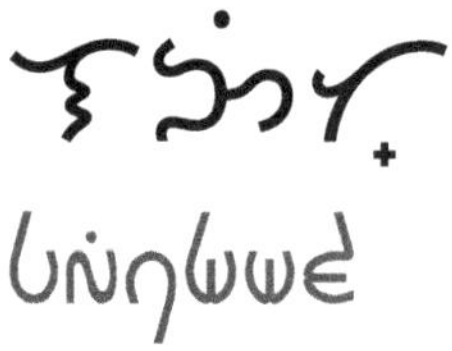

lángit

sky

ᜎᜓᜉᜁᜈ᜔

lupa'ín

land

ᜇᜄᜆ᜔

dagát

sea

ᜆᜓᜊᜒᜄ᜔

tubíg

water

ᜀᜉᜓᜌ᜔

apóy

fire

ᜂᜎᜉ᜔

uláp

cloud

ᜂᜎᜈ᜔

ulán

rain

ᜊᜓᜈ᜔ᜇᜓᜃ᜔

bundók

mountain

ᜊᜓᜆᜓ

búto

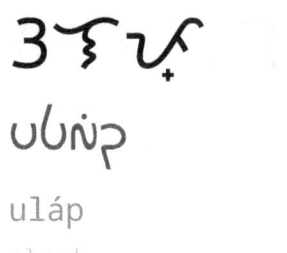

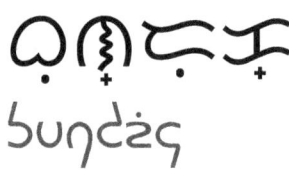

stone

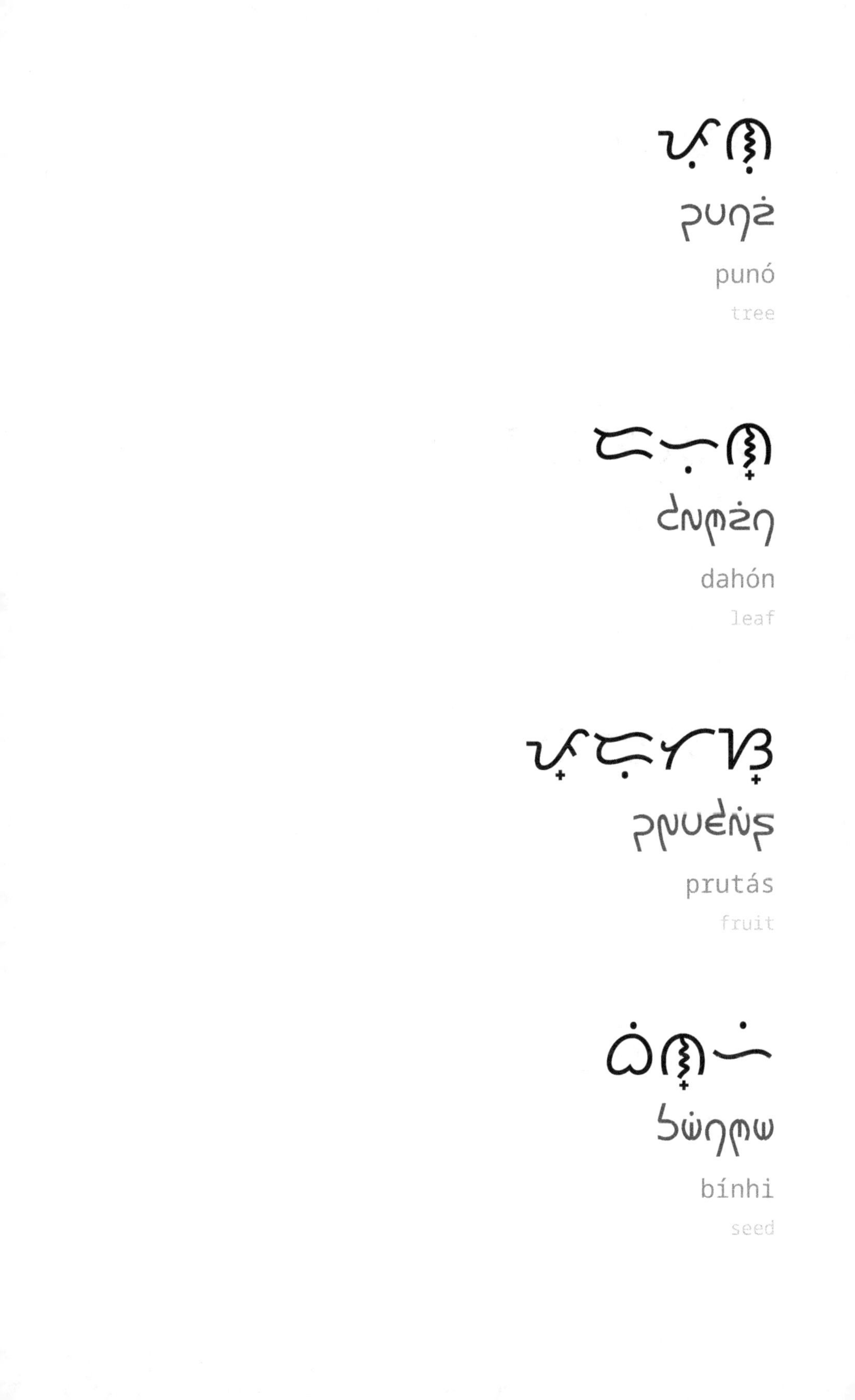

ᜉᜓᜈᜓ

punó

tree

ᜇᜑᜓᜈ᜔

dahón

leaf

ᜉ᜔ᜇᜓᜆᜐ᜔

prutás

fruit

ᜊᜒᜈ᜔ᜑᜒ

bínhi

seed

ᜄᜓᜋᜏ

gumawá

make

ᜉᜄ᜔ᜁᜊᜒᜄ᜔

págibíg

love

ᜋᜐ᜔ᜇᜈ᜔

másdan

see

ᜋᜇᜒᜈᜒᜄ᜔

mariníg

hear

ᜋᜄ᜔ᜁᜐᜒᜉ᜔

ᜫᜤ᜴ᜡᜰᜲᜩ᜴

magisíp

think

ᜎᜓᜋᜒᜉᜇ᜔

ᜮᜳᜫᜲᜩᜧ᜴

lumipád

fly

ᜋᜄ᜔ᜎᜃᜇ᜔

ᜫᜤ᜴ᜮᜣᜧ᜴

maglakád

walk

ᜂᜋᜓᜉᜓ

ᜢᜫᜳᜩᜳ

umupó

sit

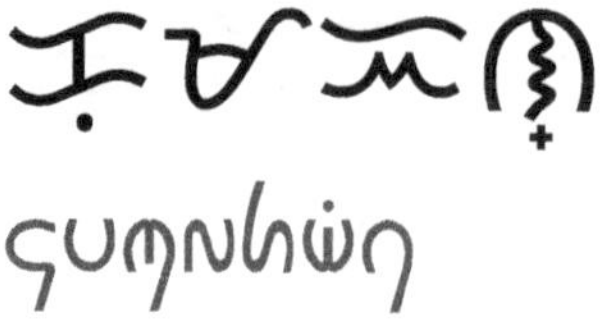

kuma'ín

eat

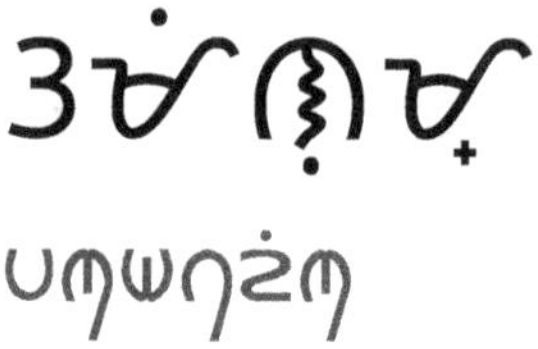

uminóm

drink

matulóg

sleep

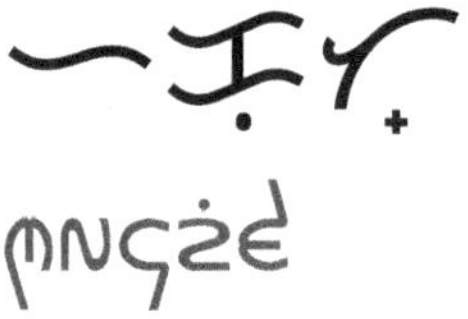

hakót

load

ᜊᜄᜓᜑᜒᜈ᜔

báguhin

change

ᜂᜉᜅ᜔ ᜋᜄ᜔ᜃᜇᜓᜂᜈ᜔

úpang magkaro'ón

have

ᜑᜈᜉᜒᜈ᜔

hanapín

seek

ᜋᜃᜒᜆ

makitá

find

tamazight

ⵜⴰⴼⵓⴽⵜ

tạfókt

sun

ⴰⵢⵓⵔ

ạyóuŕ

moon

ⵉⵜⵔⵉ

étŕi

star

ⵉⴳⵏⴰ

ẹg'ná

sky

ⴰⴽⴰⵍ

ạkạl

land

ⴰⵓⵍⵉⵍ

ail'líl

sea

ⴰⵎⴰⵏ

ạmạn

water

ⵄⵉⵍⴰⴼⵉⵜ

lạ'ạfít

fire

ⴰⵎⴷⵍⵓ

ạmdlóu

cloud

ⴰⵏⵣⴰⵔ

ạnzáŕ

rain

ⴰⴷⵕⴰⵔ

ạdŕạŕ

mountain

ⴰⵣⵔⵓ

ạzŕó

stone

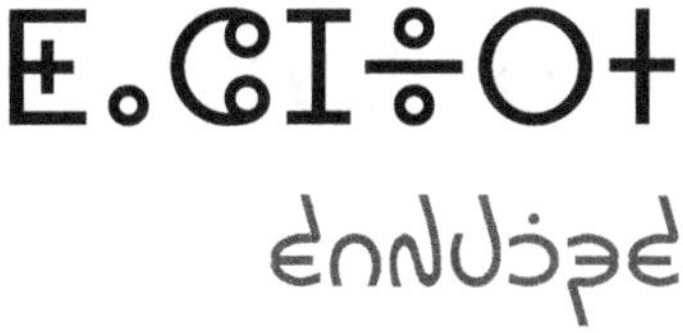

taxjiŕt

tree

ţikeyót

leaf

ęlfąkít

fruit

ąmúd

seed

ạŕi'ịskạ́ŕ

make

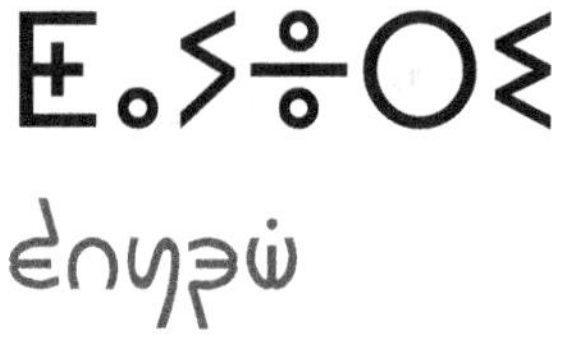

tạyŕí

love

tizŕéy

see

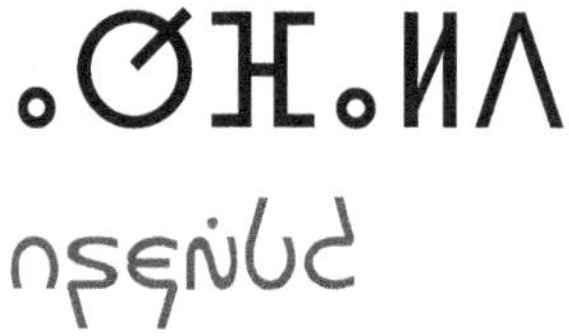

ạsfáld

hear

ⵜⴰⵅⴰⵎⵓⵎ

taḥamóm

think

ⴰⵉⵍⴰⵍ

ailél

fly

ⴰⵔⵉⵣⵜⵓ

tąwądá

walk

ⴰⵖⵅⴰⵓⵔ

igéwoŕ

sit

ísh

eat

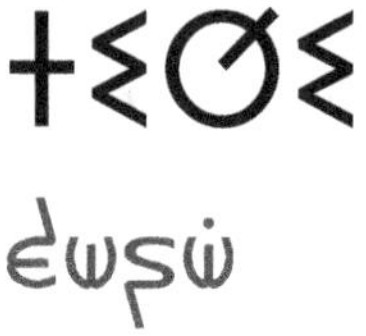

tisí

drink

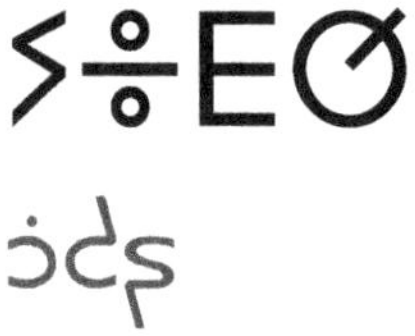

įds

sleep

zúgęz

load

ⴰⵙⴷⴰⴷⴻⵍ

ąsnfél

change

ⵉⵍⴰⴷⴰⵔⵙ

ilędéŕs

have

ⴰⵟⴰⵕ

ątáŗ

seek

ⵢⵡⵣⴰ

ątyafá

find

tamil

சூரியன்

súŕiyẹn

sun

நிலா

niláa

moon

நட்சத்திரம்

nụ́cụtiŕụm

star

வானம்

vaanụ́m

sky

நிலம்

nilụ́m

land

கடல்

kụ́dụl

sea

தண்ணீர்

cụ́ṇiŕ

water

தீ

ci

fire

மேகம்

méehụm

cloud

மழை

múḷi

rain

மலை

múli

mountain

கல்

kúḷ

stone

மரம்

mụ́ŕụm

tree

இலை

ilụ́e

leaf

பழம்

pụ́ḷiụṃ

fruit

விதை

vidụ

seed

உருவாக்கு

uŕuṿáaku

make

நேயமுறு

nẹyụ́mụŕụ

love

பார்

paaŕ

see

கேள்

kẹḻ

hear

யோசி

yóosi

think

பற

pų́ŕų

fly

நட

nų́ṭų

walk

உட்கார்

ųtkáaŕ

sit

சாப்பிடு

txáapiṭu

eat

குடி

kụ́di

drink

தூங்கு

cuqụ́ṇkụl

sleep

சுமையேற்று

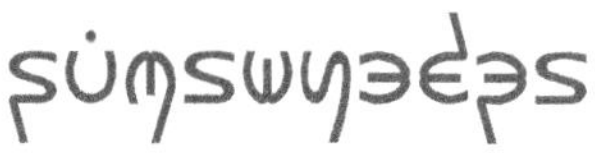

súmụiyẹtŕụ

load

மாற்று

maaŕtŕụ́

change

கொண்டிரு

kóṇdiŕụ

have

நாடிச்செல்

naadítxạl

seek

தேடு

cẹdụ́

find

telugu

సూర్యుడు

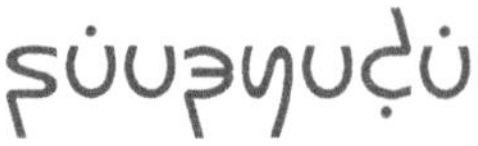

súuŕyuḍú

sun

చందమామ

tx̣ų́ndumaamá

moon

నక్షత్రం

nakxų́ṭŕam

star

ఆకాశం

áakaaxụm

sky

నేల

néela

land

సముద్రం

sámudŕaṃ

sea

నీరు

níiŕu

water

నిప్పు

nípu

fire

మేఘం

méeghaṃ

cloud

వర్షం

váŕxaṃ

rain

పర్వతం

páŕvatụṃ

mountain

రాయి

ŕáayi

stone

వృక్షం

vŕúkx̣ụṃ

tree

పత్రం

pátŕaṃ

leaf

ఫలం

fálaṃ

fruit

భీజం

bhiijaṃ

seed

చేయటం

txéeyaṭuṃ

make

ప్రేమించటం

préemintxaṭuṃ

love

వీక్షించడం

víikxintxaḍuṃ

see

ఆలకించడం

áalakintxaḍuṃ

hear

ఆలోచించడం

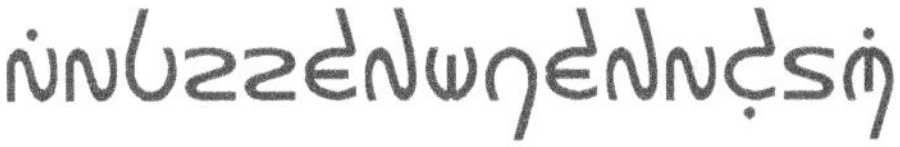

áalootxintxaḍuṃ

think

ఎగరడం

egaŕaḍuṃ

fly

నడవటం

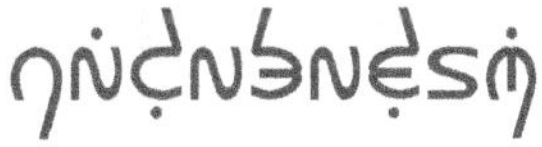

náḍavaṭuṃ

walk

కూర్చోవడం

kúuŕtxoovaḍuṃ

sit

తినటం

tínaṭuṃ

eat

తాగడం

táagaḍuṃ

drink

నిద్రించడం

nídŕintxaḍuṃ

sleep

నింపడం

nímpaḍuṃ

load

మారడం

máaŕaḍuṃ

change

కలిగి ఉండుట

kaligíuṇḍuṭa

have

కోరడం

kóoŕaḍuṃ

seek

కనుగొనడం

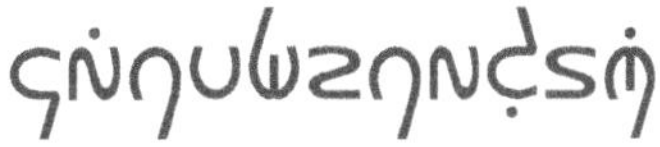

kánugonaḍuṃ

find

thai

พระอาทิตย์

prǎ aa tîǐd

sun

พระจันทร์

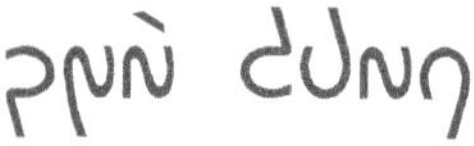

prǎ djan

moon

ดาว

dao

star

ท้องฟ้า

tǒq fǎǎ

sky

พื้นดิน

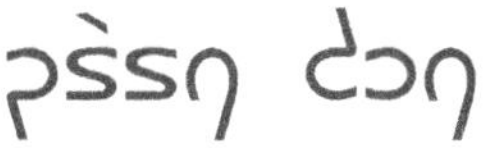

pụ̌ụn dịn

land

ทะเล

tă lae

sea

น้ำ

năm

water

ไฟ

fai

fire

ก้อนเมฆ

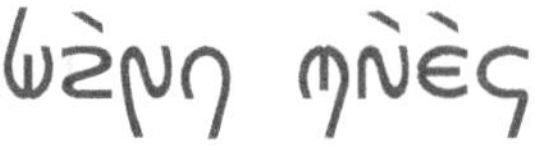

gǒrn mǎěk

cloud

ฝน

foôn

rain

ภูเขา

poo kaâo

mountain

ก้อนหิน

gǒrn hiîn

stone

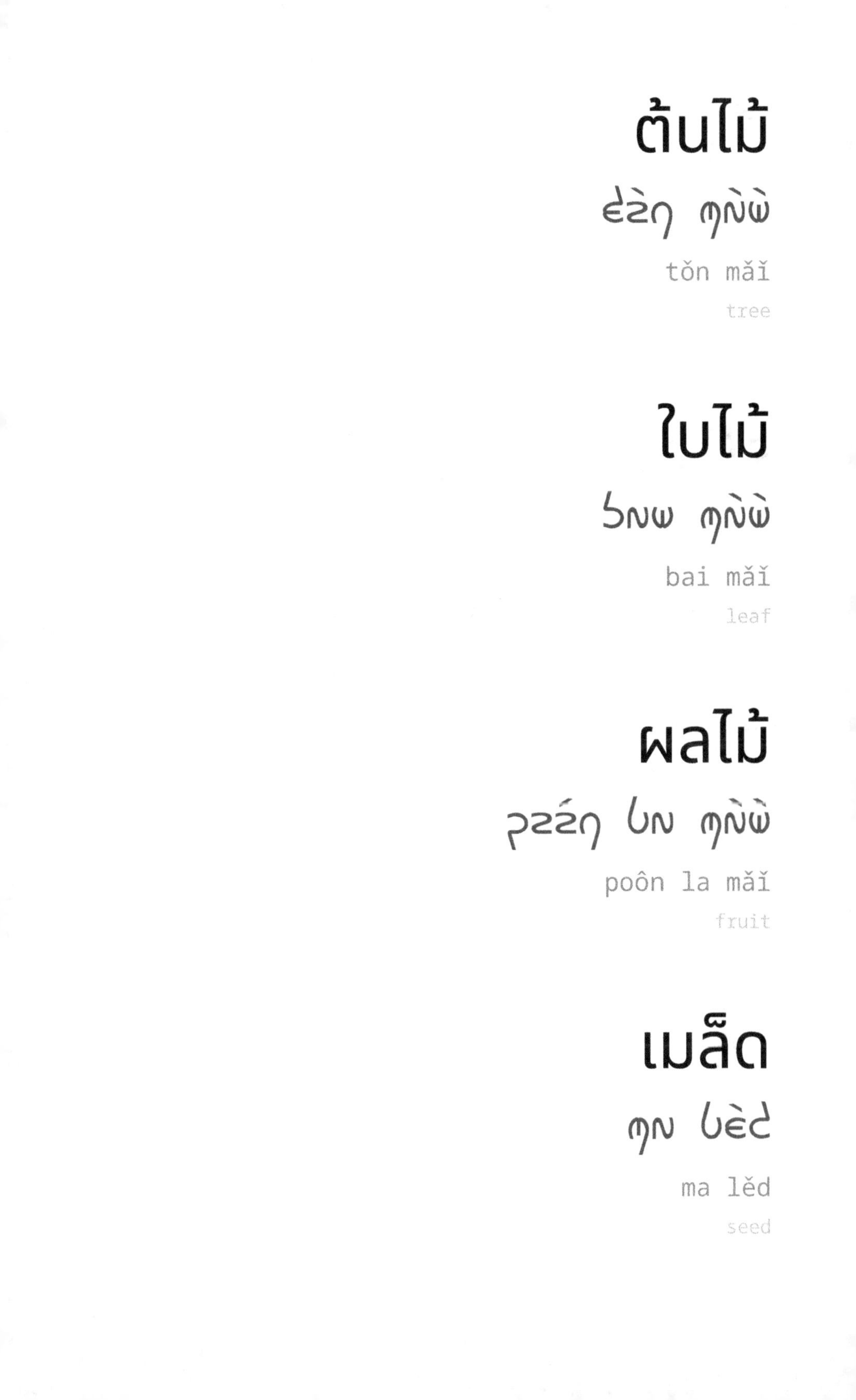

ต้นไม้

tŏn măĭ

tree

ใบไม้

bai măĭ

leaf

ผลไม้

poôn la măĭ

fruit

เมล็ด

ma lĕd

seed

ทำ

tam

make

รัก

răk

love

ดู

dọọ

see

ฟัง

făq

hear

คิด

kị̆d

think

บิน

bị̆n

fly

เดิน

dụụn

walk

นั่ง

năm

sit

กิน

gện

eat

ดื่ม

dụụm

drink

นอน

norn

sleep

โหลด

lôd

load

เปลี่ยน

plîan

change

มี

mii

have

หา

hâ

seek

เจอ

djụụ

find

tibetan

ཉི་མ།

nyi ma

sun

ཟླ་བ།

ç̣a wa

moon

སྐར་མ།

kaṛ́ ma

star

ནམ་མཁའ།

nam kha

sky

ས་ཆ།

sa txha

land

མཚོ།

tsho

sea

ཆུ།

txhu

water

མེ།

mẹ

fire

སྤྲིན།

tin

cloud

ཆར་པ།

txhaŗ́ pa

rain

གངས་རི།

gaq ŕi

mountain

རྡོ།

ço

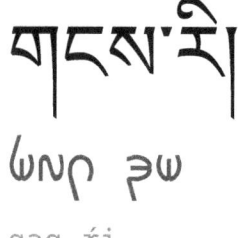

stone

ཤིང་སྡོང་།

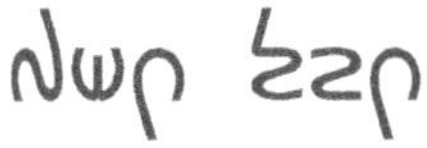

xiq ċoq

tree

ལོ་མ།

lo ma

leaf

ཤིང་ཏོག

xiq ṭog

fruit

ས་བོན།

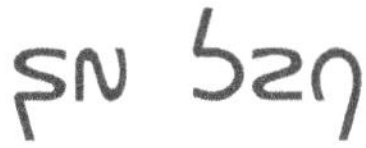

sa bon

seed

བཟོ་བ།

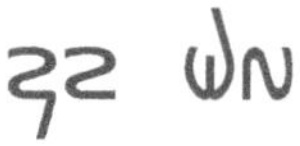

zo wa

make

བརྩེ་དུངས།

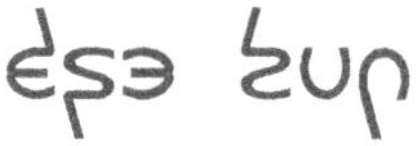

tsẹ çuq

love

མཐོང་བ།

coq wa

see

ཐོས་པ།

coe pa

hear

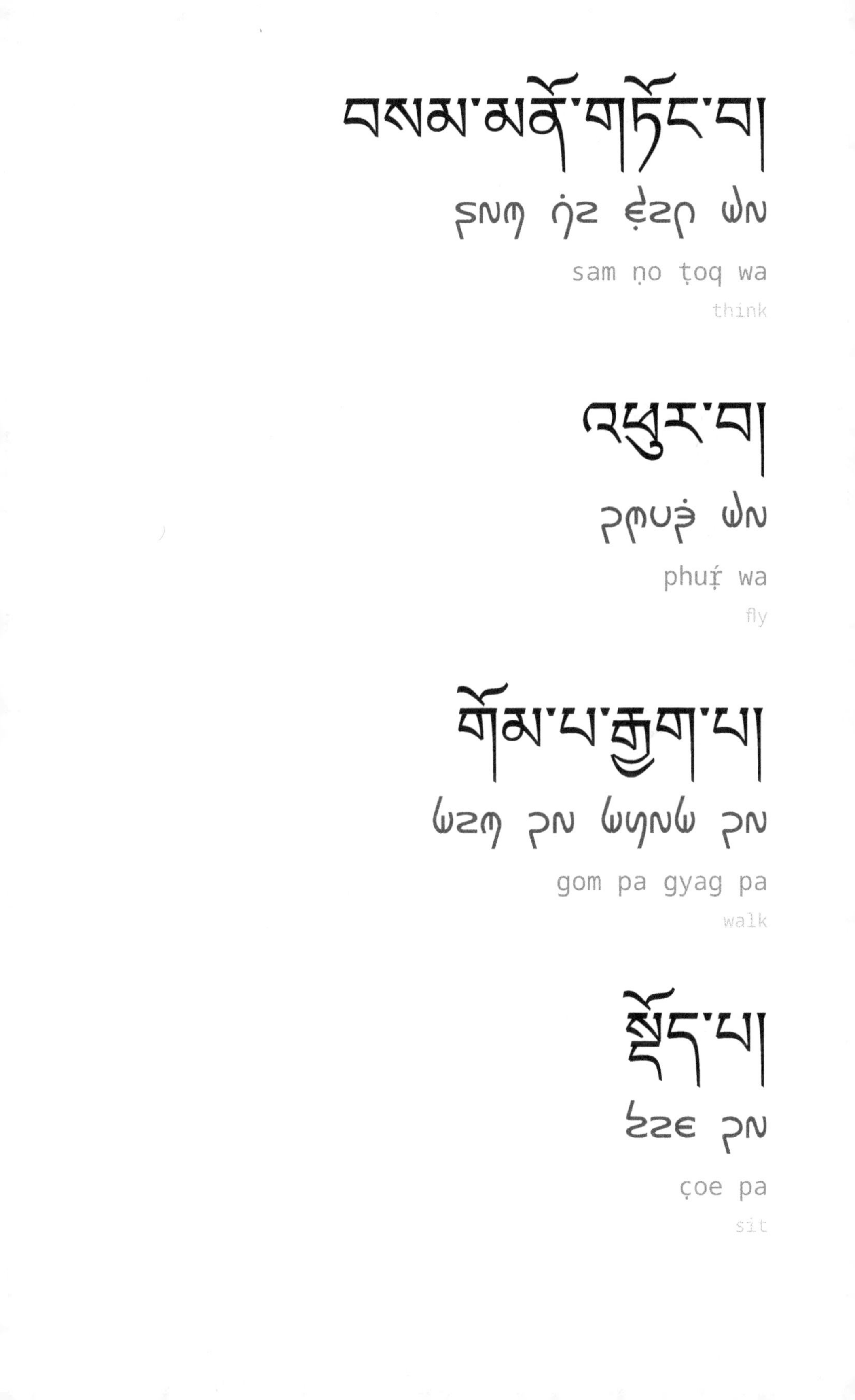

བསམ་མནོ་གཏོང་བ།

sam ṇo ṭoq wa

think

འཕུར་བ།

phuṛ wa

fly

གོམ་པ་རྒྱག་པ།

gom pa gyag pa

walk

སྡོད་པ།

çoe pa

sit

བཟའ་བ།

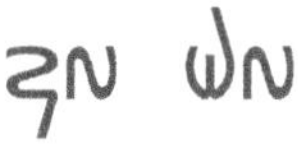

za wa

eat

འཐུང་བ།

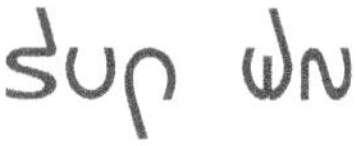

cuq wa

drink

ཉལ་བ།

nyal wa

sleep

འཁུར་འགེལ་བ།

khuṛ gẹl wa

load

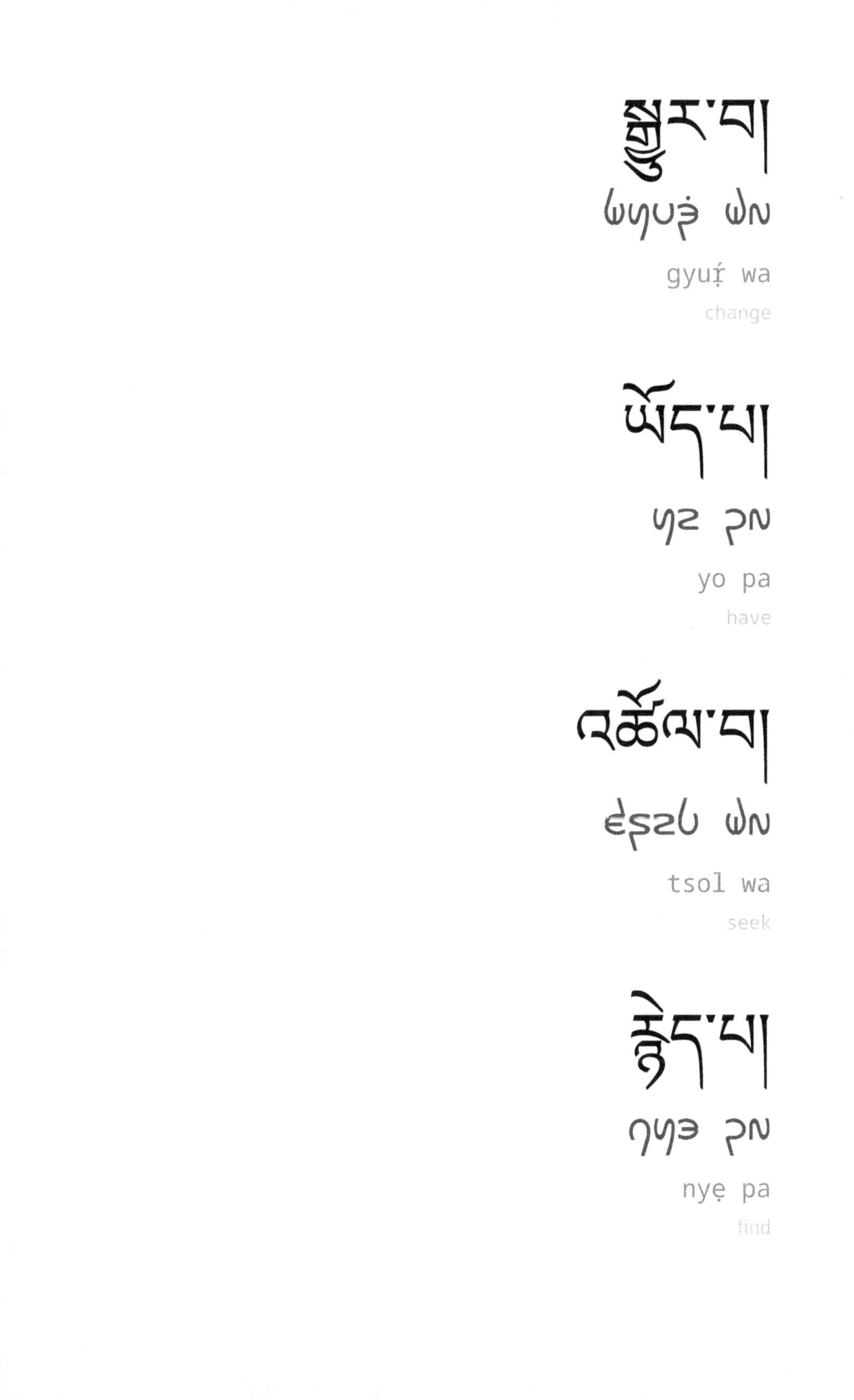

སྒྱུར་བ།

gyuṛ wa

change

ཡོད་པ།

yo pa

have

འཚོལ་བ།

tsol wa

seek

རྙེད་པ།

nyẹ pa

find

Help us collect and share knowledge of the world's languages. We need your expert help in the following language areas:

- Building word lists
- Helping people pronounce words
- Writing definitions
- Helping languages thrive

Visit https://leaf.surf and contribute to the free and open knowledge project for the benefit of generations of language enthusiasts to come.

www.ingramcontent.com/pod-product-compliance
Lightning Source LLC
Chambersburg PA
CBHW062052280426
43661CB00088B/769
* 9 7 8 1 9 5 1 7 0 2 6 3 2 *